MAURI FRIES

Wie ein Baby seine Welt entdeckt

Die Entwicklung Ihres Kindes verstehen und begleiten

Ankommen und sich zurechtfinden 11

Ich bin da – die erste Begegnung 12

Mit allen Sinnen 16

Kleine Zwiegespräche 23

Ich sehe, was ich höre – vom Zusammenspiel der Sinne 25

Ich habe viel zu erzählen – auch ohne Worte 29

Die Körpersprache des Babys entschlüsseln 31

Feinzeichen bei Babys 33

Manches kann ich schon selbst, für anderes brauche ich Hilfe 36

Beobachten wir Max 38

Schauen, staunen und antworten, statt viel nachzudenken 44

Wenn's mal schwer wird, weil ich so viel schreien muss 47

Schreien – unüberhörbare Nachrichten 48

»Schreibabys« und ihre besondere Schwierigkeit, sich zurechtzufinden 52

Viel Stress für die Eltern 53

Was können Eltern selbst tun, und wo finden sie Hilfe? 55

Wünsche an die Eltern 62

Erkundungen in die nähere Umgebung 65

Das erste Vierteljahr – Rückblick und Ausblick 66

Entdeckungen mit Augen, Mund und Händen 68

Vom Liegen zum Krabbeln 69

Entdecker brauchen Schlaf – manche mehr, manche weniger 73

Schlafen ist gar nicht so einfach 74

Wenn's mal schwer wird, weil ich noch nicht durchschlafe 77

Wünsche an die Eltern 80

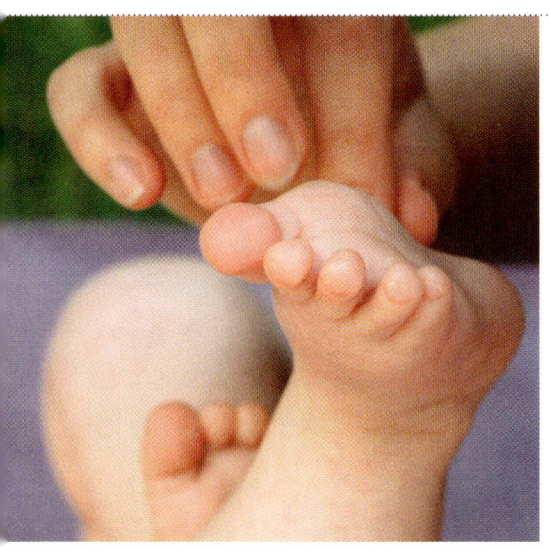 

Erkundungen in die fernere Umgebung   85

Endlich kann ich loskrabbeln   86

Kleine Entdecker brauchen ein Vorratslager   90

Andere Kinder sind auch interessant   97

Kleine Entdecker haben Hunger und wollen selber essen   102

Wer hat den Löffel in der Hand?   105

Wenn's mal schwer wird, weil ich nicht »richtig« essen will   109

Wünsche an die Eltern   111

An der Schwelle zum zweiten Jahr   115

Starke Persönlichkeiten mit schwachen Momenten   116

Lass mich selber machen, aber lass mich nicht allein   118

Tagesbetreuung – neue Entdeckungsmöglichkeiten   120

Wünsche an die Eltern   123

Medien und Adressen   126

Liebe Leserin, lieber Leser

Die Geburt eines Kindes ist für die Eltern ein einschneidendes Ereignis, das zunächst ihren Alltag und ihr Lebensgefühl gravierend verändern wird. Beim ersten Baby wird das sicher am deutlichsten ausgeprägt sein. Doch auch die Geburt eines weiteren Kindes birgt neue Herausforderungen an die sich vergrößernde Familie. Neben der Freude über das Baby stellen sich viele Fragen: Wie werden wir das schaffen? Machen wir alles richtig? Wie wird sich unser Kind entwickeln? Muss man ein Baby erziehen? Was sollten wir tun, um es gut zu fördern. Wer hilft uns, wenn es mal nötig ist?

Eltern – früher und heute

Unsere Großeltern, insbesondere unsere Großmütter, waren sich zumeist ihrer Sache viel sicherer als die heutigen Eltern. Bis sie selbst Eltern wurden, hatten sie im Verlaufe ihres Lebens häufig Gelegenheiten, andere Erwachsene im Umgang mit einem Baby zu beobachten. Als sie dann selbst Kinder bekamen, war der Alltag durch zeitraubende Aktivitäten zur Sicherung des täglichen Lebens gekennzeichnet. Denken wir nur an Kochen oder Wäschewaschen in einer Großfamilie. Da blieb oft gar keine Zeit zum Nachdenken. »Wir haben einfach getan, was zu tun war, und haben nicht so viel infrage gestellt«, sagen viele der heutigen Groß- und Urgroßeltern. Solange Versorgung und Zuwendung für das Baby überwiegend von Freundlichkeit, Zuverlässigkeit und Sicherheit bestimmt waren, war es möglicherweise auch für die Babys leichter, sich in seiner Familie zurechtzufinden.

Nun wollen wir nicht die Vergangenheit verklären, die ja auch viele Schattenseiten hatte. Die Säuglingssterblichkeit war wesentlich höher. Auch war die Familie nicht immer ein guter Ort, wo alle Freundlichkeit und Zufriedenheit vorfanden. Nicht zu

Es existiert eine zunehmende Verunsicherung in Bezug auf Erziehung – wonach sollen wir uns richten?

unterschätzen sind zudem die ideologischen Vorgaben zur Erziehung. Immer wieder, auch schon für die ersten Lebenswochen, wurden (und werden teilweise heute noch) Haltungen empfohlen, welche die frühzeitige Anpassung des Kindes befördern – z. B. das Baby schreien zu lassen, damit es sich dieses Verhalten schnell abgewöhnt; oder ein Baby alleine schlafen zu lassen, um es nicht zu »verwöhnen«.

Zu dieser wenig an den Bedürfnissen des Kindes orientierten Haltung entstand in den 1970er- und 1980er-Jahren eine Gegenbewegung, deren radikalste Vertreter dafür plädierten, sich nun ausschließlich an den Bedürfnissen des Kindes zu orientieren und ihm so gut wie keine Grenzen und Regeln zuzumuten. Diese für die ersten Lebensmonate durchaus kindgerechte Idee erwies sich für die weitere Entwicklung als ungünstig. Die Kinder bekamen zu wenig Orientierung und Halt in einer Welt, die sie ja noch nicht verstehen.

Erwachsene zogen sich aus ihrer Verantwortung für das Erlernen von Regeln zurück.

Da Kinder neben liebevoller Zuwendung jedoch auch Regeln und Grenzen benötigen, reagierten sie mit »schwierigem« Verhalten, um ihre Eltern zu Halt gebenden Aktionen zu drängen. Eltern und Kinder befanden sich sozusagen in dauerhafter Aufregung und Auseinandersetzung. Offensichtlich setzten Eltern zu wenig Grenzen, und in manchen Familien zählte nur noch »König Kind«. Wieder als Reaktion darauf scheint es gerade ein Zurück zum »Lob der Disziplin« und zu nicht antastbarer Autorität zu geben. Mit einem Szenario von vermeintlich »tyrannischen« Kindern wird gedroht, wenn Eltern nicht rechtzeitig auf Disziplin und Grenzensetzen achten. Das trägt zur Verunsicherung bei. Vorfreude, Zuversicht und Gelassenheit als unschätzbare Begleiter eines Lebens mit Kindern werden dadurch erheblich beeinträchtigt. Sie sind jedoch der gute Boden, aus dem die nötigen Fähigkeiten für die Begleitung wachsen werden.

Mit diesem Buch wollen wir dazu beitragen, genau diese Vorfreude, Zuversicht und Gelassenheit wieder selbstverständlicher werden zu lassen. Der Weg, den wir dazu einschlagen, ist die begleitende Beobachtung des Babys bei den kleineren und größeren Entdeckungen seiner Welt. Woran kann ich erkennen, dass es ihm gut geht? Wie verlaufen seine Entwicklungsschritte? Was macht es selbst und was braucht es? Was können die Erwachsenen dazu beitragen? Wie groß sind die Unterschiede zwischen den Kindern?

Wir gehen von der Vorstellung aus, dass Sicherheit und Freude über das Baby aus der Beobachtung seines Verhaltens und seiner Lust am Entdecken ganz wesentlich erwachsen können. Babys und Eltern sind dabei gleichermaßen Entdecker von Neuland, die einen mehr, die anderen weniger.

Mit jedem Kind lernt man neu. Das wissen erfahrene Eltern. Was beim ersten Kind gepasst hat, kann beim nächsten eher stören als weiterhelfen. Bei dem einen Kind lernt man vielleicht, geduldig zu sein, und bei dem anderen, klarer im Einhalten von Tagesstrukturen und Alltagsrhythmen zu werden, weil die Kinder in unterschiedlicher Weise diese Fähigkeiten der Erwachsenen einfordern.

Babys und Eltern entwickeln sich gemeinsam

Das schöne Wort »Abstimmung« beschreibt sehr passend den wechselseitigen Prozess des Miteinanderlernens, der zwischen Eltern und dem Baby von Beginn an stattfindet. Auf der einen Seite sind die individuellen Möglichkeiten des Kindes, welches mit Zuneigung, Anregung und Schutz der Eltern seine Welt entdeckt und sich entwickelt. Auf der anderen Seite sind die Eltern mit ihren Erfahrungen und Wünschen, die ihr Kind kennenlernen und sich darauf einstellen, was dieses Kind braucht.

Abstimmung findet in den alltäglichen Momenten beim Füttern, Baden, Wickeln, Trösten oder Spielen statt. Wir können sie beobachten, wenn das Kind und der Erwachsene sich anschauen, sich anlächeln, Geräusche und Worte austauschen. Sie passiert, wenn das Kind mit nachdrücklichen Gesten die Wiederholung kleiner Finger-, Guckguck- oder Bewegungsspiele einfordert und alle herzlich dabei lachen. Abstimmung wird ebenso deutlich und notwendig, wenn das Kind versucht herauszufinden, was erlaubt ist und was nicht. Sie wird auch benötigt, wenn Eltern ihr schreiendes Baby beruhigen oder erreichen wollen, dass das Kind ohne größere Hilfe einschlafen kann.

Die Abstimmung gelingt umso besser, je gelassener und sicherer Sie sich auf die Einzigartigkeit Ihres Kindes einlassen können.

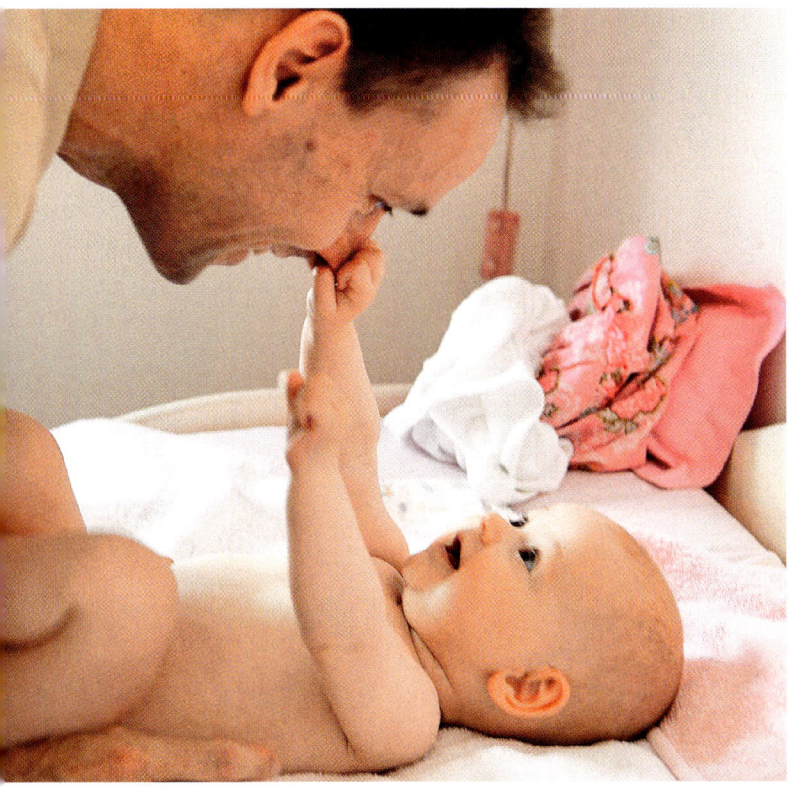

Abstimmung zwischen Mutter oder Vater und Baby findet z. B. in den alltäglichen Momenten beim Füttern, Baden, Wickeln, Trösten oder Spielen statt.

Zur Abstimmung gehört, Zeichen für Überlastung und Bedürfnisse nach Selbstständigkeit zu erkennen und zu verstehen und
im eigenen Handeln zu berücksichtigen. Dazu gehört ebenso, die
eigenen Grenzen zu kennen und gegebenenfalls Unterstützung
einzufordern. Nur so können Sie für die anstrengenden Momente im Leben mit einem Baby auftanken und sich an seiner faszi-
nierenden Entwicklung erfreuen.

Es kann immer wieder vorkommen, dass Eltern einen Schritt zu
schnell waren, mehr von ihrem Baby verlangen, als es im Moment bereit war zu tun. Oder Eltern haben ihr Kind unterschätzt,
und es langweilt sich ein wenig. Diese Missverständnisse gehören zum Alltag mit Kindern, den kleinen wie den größeren. Wo-
her soll man denn auch jedes Mal wissen, was genau dieses Kind
jetzt braucht? Jedes Kind ist anders! Jeder Entwicklungsschritt
fordert Eltern heraus, immer wieder ein neues Gleichgewicht
zwischen Über- und Unterforderung ihres Kindes und ihren eigenen Möglichkeiten zu finden.

Kulturvergleichende Studien zeigen, dass Babys durchaus in der
Lage sind, sich an die Bedingungen anzupassen, die sie in ihren
Familien vorfinden. Sie sind mit einer gewissen Robustheit ausgestattet, weil klar ist, dass es keine perfekten Eltern gibt. Mit
einer »fehlerfreundlichen Haltung« und der Zuversicht, dass das
Baby mit seinem Verhalten zeigen kann, was zu viel, zu wenig
und was richtig ist, werden Sie zunehmend Sicherheit und Vertrauen gewinnen.

Missverständnisse
sind erlaubt, wichtig
ist, dass sie korrigiert
werden können!

Natürlich gibt es im Leben mit einem Baby auch Situationen, wo
die genaue Beobachtung seiner Reaktionen keine sofortige Sicherheit über den richtigen Weg geben kann. Das Baby ist krank,
die Eltern sind müde und müssen sich um viele andere Sachen
kümmern. Kinder großzuziehen geht nur, wenn man auch mal

an sich selbst denkt, sich etwas Gutes tut, andere in diese aufregende Zeit mit einbezieht und, wenn nötig, Hilfe sucht und auch zulassen kann. Auch dazu will dieses Buch ermutigen. Denn, so sagt eine afrikanische Weisheit: »Es braucht ein ganzes Dorf, um ein Kind großzuziehen.«

Was finden Sie in diesem Buch?

Ankommen und sich zurechtfinden sowie *Erkundungen in die nähere und ferne Umgebung* sind aus unserer Sicht passende Überschriften für die Entwicklungsschritte des Kindes im ersten Vierteljahr sowie in der Zeit bis zum Krabbeln und Laufen. Die jeweils bedeutsamen Entdeckungen des Kindes werden in diesen Abschnitten beschrieben. Wer mit Kindern lebt, weiß, dass es auch mal *Krisen* gibt. Was kann ich tun, wenn mein Baby sehr *viel schreit, schlecht schläft oder nicht richtig essen* will? Antworten auf diese Fragen gehören deshalb in ein Buch über Babys Entdeckungen, weil sie dazu beitragen, die beeinträchtigte Abstimmung wiederherzustellen.

Beendet wird das Buch mit einem *Ausblick in das zweite Jahr.* Das Kind will hinaus in eine größere Welt. Dazu gehören Verwandte, unter anderem die Großeltern, und gute Freunde der Familie. Auch andere Kinder werden immer interessanter. Wenn Mutter und Vater wieder arbeiten gehen werden, stellt sich für sie die Frage nach einer guten Tagesbetreuung. Auch da geht es um die richtige Abstimmung. Manchmal ist das Kind noch mutlos, und die Eltern erwarten mehr, als das Kind bereit ist zu tun. Manchmal ist das Kind voller Entdeckerfreude, und die Eltern staunen über den Mut ihres Kindes. Vielleicht würden sie es dann noch zurückhalten wollen, weil sie selbst ein bisschen Ermutigung gebrauchen könnten. Welche Art von Begleitung brauchen dann alle Beteiligten, um diese aufregenden Schritte gut zu schaffen?

Ankommen und sich zurechtfinden

Wenn ein Baby geboren wird, dann muss es vieles lernen: selbstständig atmen, Essen aufnehmen, einschlafen, mit der Schwerkraft zurechtkommen ...

Nicht so leicht zu erlernen ist die Fähigkeit, bei Müdigkeit oder einem Übermaß an äußeren Eindrücken zur Ruhe zu kommen und in den Schlaf zu finden. Ist das Baby in der Lage, sich zurückzuziehen oder seiner Umgebung aufmerksam zuzuwenden, dann ist es weniger den Anforderungen seiner Umgebung ausgeliefert. Es kann sozusagen mitbestimmen, wann es mit den Eltern in Kontakt treten möchte und wann es eine Pause braucht.

Normalerweise sind das ganz selbstverständliche Vorgänge im Leben eines Babys. Aber wenn man alle Prozesse in ihren komplizierten Einzelheiten überdenkt, ist es doch erstaunlich, was ein Neugeborenes vom ersten Tage an macht und schon kann.

Ich bin da – die erste Begegnung

Wenn die Geburt gut vorangekommen und das Baby nicht durch Medikamente beeinträchtigt ist, wird es unmittelbar danach – am besten auf dem Bauch der Mutter – aufmerksam und ruhig werden. Innerhalb weniger Minuten wendet es den Kopf minimal in die Richtung, aus der es eine vertraute Stimme, die der Mutter oder des Vaters, hört. Es möchte sehen, was es hört, und es beobachtet konzentriert das Gesicht seines Gegenübers.

Wenn der Erwachsene beispielsweise langsam und deutlich seinen Mund öffnet oder seine Zunge herausstreckt, dann beobachtet das Baby die Bewegungen und öffnet ebenfalls den Mund oder streckt die Zunge heraus. Nun ist Zungeherausstrecken ja nicht so wichtig. Dennoch ist es erstaunlich, dass ein so kleines Baby in der Lage ist, ein menschliches Gesicht länger zu betrachten, seine Bewegungen nachzuahmen und auf offensichtlich schon bekannte Stimmen zu lauschen.

Das Baby kann sogar schon bestimmte Bewegungen im Gesicht der Eltern nachahmen.

Die Entdeckung eines weitverzweigten Systems von speziellen Nervenzellen in unserem Gehirn, den sogenannten Spiegelneuronen, hat dazu beigetragen, dass wir den Sinn dieser Fähigkeiten besser verstehen. Diese frühen Nachahmungen sind der Ausgangspunkt eines gemeinsamen Austausches von Gefühlen und Erfahrungen. Dieser Austausch ist ein bedeutsamer Grundbaustein für das Lernen und die Entwicklung des heranwachsenden kleinen Wesens vom ersten Tage an.

Die Spiegelneurone beim Baby werden durch die Gegenwart von Mutter oder Vater aktiviert und zunehmend besser verschaltet. Sie rufen sozusagen spiegelbildlich die Gefühle oder Körperzustände des anderen in uns wach. Ohne dass das Kind dafür Worte hat, entwickelt sich bei ihm in den nächsten Monaten und Jahren ein immer feineres Gespür dessen, was der andere fühlt. Und es lernt etwas über seine eigenen Empfindungen:

»Wenn ich mich wohlfühle und eine entspannte Mimik habe, vielleicht auch schon lache, lacht meine Mutter auch. Sie spiegelt mir damit mein Gefühl wider. Später werde ich lernen, dass es dafür Worte und einen ungefähren Gleichklang zwischen meinem Gefühl und dem meines Gegenübers gibt. Wenn ich lache, steckt das an.

Wenn ich traurig bin, bemerkt mein Papa meinen Kummer und nimmt mein Gefühl ernst. Weil er schon groß ist, lässt er sich von meinem Kummer nicht überwältigen, sondern findet für uns beide einen Ausweg. Also tröstet er mich, und wenn es mir wieder bessergeht, freut er sich. Meine Spiegelneurone für Freude feuern, und ich fühle mich gleich besser. Ich möchte jedoch nicht ausgelacht werden, wenn ich weine oder mir wehgetan habe. Dann komme ich durcheinander mit meinem Gefühl und dem, was ich bei dem anderen spüre.

Wenn meine Mutter oder mein Vater streng oder gar wütend guckt, ist das leider auch ›ansteckend‹, und dann bin ich irritiert, und es geht mir gar nicht gut, insbesondere, wenn das öfter vorkommt. Wenn meine Mutter oder mein Vater oft sehr traurig ist, kann das für mich ebenfalls schwierig werden. Dann habe ich keinen Spiegel für meine zufriedenen Momente, und auf Dauer werde ich auch traurig.«

Eine über längere Zeit gedrückte oder zornige Stimmung irritiert gerade Babys besonders. Sie besitzen weder die Erfahrung noch das Verständnis, dass die Mutter oder der Vater belastet ist, weil sie viel Stress oder Ärger haben oder krank sind. Wenn Eltern diese Situation nicht gleich ändern können, hilft es, dass andere vertraute Personen im Umfeld des Babys die »Ansteckungsgefahr« für die schwierigen Gefühle des Erwachsenen verringern können.

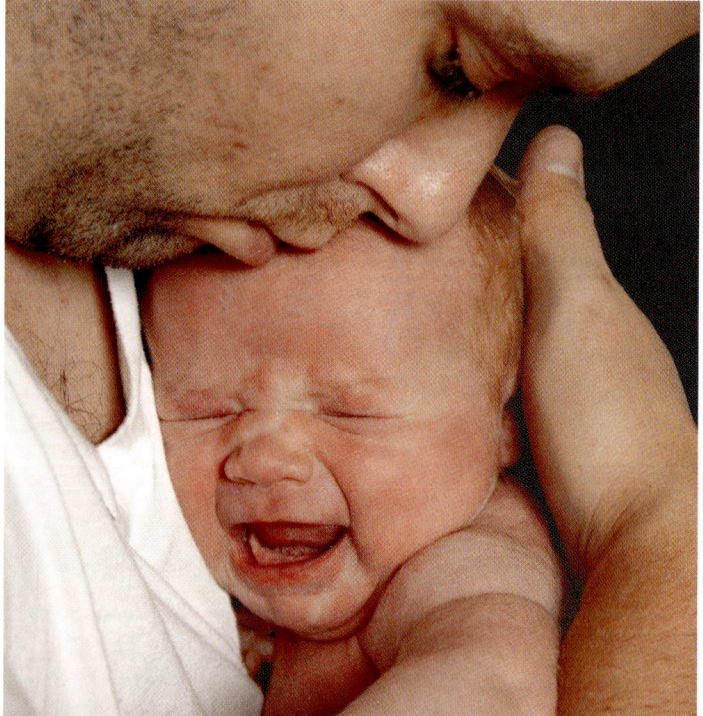

»Mein Papa sieht, dass ich Kummer habe, und tröstet mich – wie gut, dass er das macht.«

Kehren wir zu dem Baby zurück, das erst wenige Minuten alt ist und die Begegnung mit Mutter und Vater in der völlig veränderten Umgebung sucht. Diese erste Begegnung kann nur dann stattfinden, wenn das Baby durch die Geburt selbst und die Bedingungen rundherum nicht zu sehr erschreckt ist. In vielen Geburtskliniken achtet man daher mehr als früher darauf, dass es nicht nur warm genug ist, sondern auch leise; grelles Licht wird ebenso vermieden. Der berühmte Klaps auf den Po ist nicht notwendig, und bestimmte Routinemaßnahmen können etwas warten.

Wenn es zu anstrengend wird, dann reagiert das Baby schnell und deutlich mit zusammengekniffenen Augen, fliegenden Bewegungen, angespannten Fingern oder Fäusten und natürlich mit Schreien. Jetzt braucht es Halt und Wärme und eine ruhige Ansprache. Viele Kinder können sich dann schnell wieder beruhigen. Einige finden schon ihren eigenen Daumen und saugen daran, eine erste Hilfe, die das Baby selbst nutzen kann. Nun kann es wieder lauschen und schauen und die Berührungen auf der Haut spüren und vielleicht einen ersten Schluck Milch probieren.

Vom ersten Moment an will das Baby Kontakt und ist darauf angewiesen, dass dieses Bedürfnis gesehen und beantwortet wird. Sich in der noch neuen, unbekannten und oft auch sehr anstrengenden Welt zurechtzufinden und andere für sich einzunehmen kostet viel Kraft, und so ist es nicht verwunderlich, dass Babys noch sehr viel schlafen und häufig gestillt werden wollen oder die Flasche benötigen. Dann erholen sie sich für die nächsten wachen Minuten, in denen sie ihre angeborenen Fähigkeiten einsetzen und entfalten werden.

Babys wollen ihre Mutter oder ihren Vater, manchmal auch andere Menschen (aber nicht zu viele!), sehen, hören, riechen

Babys bringen eine intensive Neugier und Vorliebe für andere Menschen mit.

und spüren, und sie zeigen das durch ihr Verhalten. Dadurch fühlt sich der Erwachsene berührt und aufgefordert, sein Baby nicht nur zu versorgen, sondern sich liebevoll mit ihm zu beschäftigen.

Fähigkeiten des Neugeborenen:
> Meine Mimik sagt schon viel über mich.
> Ich kann damit meine Aufmerksamkeit und meine Anstrengung zeigen.
> Hören, Sehen, Spüren – das kann ich sofort nach der Geburt.
> Ich kann mich anschmiegen, laut schreien und euch sogar nachmachen.
> Ich brauche ganz viel Ruhe und Wärme.
> Mich stören laute Geräusche, grelles Licht und schnelle Bewegungen.

Mit allen Sinnen

Um mit anderen in Kontakt treten zu können, muss man sie sehen und hören und alle seine Sinne einsetzen. Und genau das machen Babys von Anfang an. Die Säuglingsforschung erbrachte in den letzten Jahren erstaunliche Einblicke in die Wahrnehmungswelt von Babys. Demnach sind alle Sinne zum Zeitpunkt der Geburt funktionsfähig, manche müssen sich noch verfeinern, aber für die ersten wichtigen Eindrücke funktionieren sie wunderbar. Sie sind im Wesentlichen darauf ausgerichtet, genau die Menschen, die das Baby versorgen und umhegen, wahrnehmen zu können. Babys haben eine Vorliebe für das Gesicht und die Stimme eines Menschen. Darauf reagieren sie bevorzugt, auch das wieder eine Einladung an Sie als Mutter oder Vater, sich ihm zuzuwenden.

Wir werden im Folgenden alle Sinne beschreiben und dann erklären, an welchen Reaktionen Sie die Vorlieben des Kindes erkennen und feststellen können, ob es neugierig ist oder zur Ruhe
kommen möchte.

Ich spüre mich und möchte berührt und gehalten werden

Gefühle des Wohlbefindens und stärker noch des Unbehagens
sind gerade in der ersten Zeit sehr eng mit den körperlichen Zu-
ständen des Babys verbunden. So ist es von Geburt an in der
Lage, körperliche Bedürfnisse wie Hunger, Kälte oder Schmerzen zu bemerken und sie dann mehr oder weniger laut seiner
Umgebung mitzuteilen. Auch für die Wahrnehmung dessen,
was in seiner Umgebung passiert, ist es mit grundlegenden Fähigkeiten ausgestattet.

Wahrnehmungen über
das eigene körperliche
Befinden gehören zur
Grundausstattung des
Babys.

Alle Babys kommen mit einem fertigen Gleichgewichtssinn auf
die Welt. Damit konnten sie schon im Mutterleib ihre eigenen
und die Bewegungen ihrer Mutter spüren. Nach der Geburt begleitet dieser Sinn die Empfindungen bei den eigenen Bewegungen und wenn sie getragen oder geschaukelt werden.

Über die Haut kann das Kind Temperaturunterschiede und
Schmerz empfinden. Stellt sich Unbehagen ein, wird es dies
deutlich mitteilen, weil es zum Wohlfühlen auf den Erwachsenen angewiesen ist. Auf Kältereize reagieren Babys viel deutlicher mit Schreien als auf zu viel Wärme. Wenn ihnen zu warm
ist, sagen sie also nicht durch Schreien Bescheid, und so muss
man sorgsamer auf Anzeichen einer Überwärmung wie gerötete
Haut und Schwitzen achten.

Die Haut vermittelt dem Kind auch Empfindungen durch Berührung. Der Körperkontakt ist eine wichtige Quelle, mit Mutter

oder Vater in Kontakt zu kommen und von ihnen etwas über sich selbst und den anderen zu erfahren. So wie die Mutter oder der Vater das Kind berührt und trägt, spürt es, ob die Eltern ruhig und gelassen sind und meistens behagliche Empfindungen auslösen können oder ob sie eher gestresst und unsicher sind. Anhaltende Verunsicherungen, Anspannungen und große Ängste von Mutter oder Vater können das Baby stark beunruhigen.

Babys halten einiges aus – gelegentlicher Stress oder auftretende Unsicherheiten werden keinen Schaden anrichten.

Ich schmecke etwas

Das Baby kann schmecken. Da es schon Fruchtwasser geschluckt hat, bevorzugt es zunächst nur Süßes. Es kann aber auch salzig, bitter und sauer unterscheiden. Das schützt vor der Aufnahme unverträglicher Nahrungsmittel. Es hilft also auch dabei, sich in der Umwelt zu orientieren. Die Eltern werden die Vorlieben und Abneigungen ihres Babys kennenlernen und akzeptieren.

Ich rieche dich

Riechen ist eine ebenfalls von Geburt an vorhandene Fähigkeit. Das Baby kann zwischen angenehmen und unangenehmen Gerüchen unterscheiden. Das Riechen hilft dem Kind, die Besonderheiten von Mutter, Vater oder anderen wichtigen Personen wahrzunehmen und wiederzuerkennen. Neugeborene identifizieren den Geruch ihrer Mütter wenige Tage nach der Geburt und zeigen deutlich, dass sie diesen anderen Gerüchen vorziehen.

Manche deutliche Geruchsveränderung bei vertrauten Erwachsenen (etwa, wenn die Mutter ihr Parfüm wechselt) kann später durchaus zu Irritationen und Unmutsäußerungen beim Kind führen. Vertraute Gerüche wiederum helfen z. B. beim Einschlafen. Ein getragenes Kleidungsstück der Mutter kann in die Wiege gelegt werden. Auch später hilft ein vertrauter Geruch, kleine Trennungen besser zu verkraften.

Ich sehe dich

Auch wenn es noch kurz- und weitsichtig zugleich ist, kann das Baby genau in einem Bereich von etwa 25 cm scharf sehen, das entspricht dem Abstand zwischen den Augen des Kindes und denen seiner Mutter beim Stillen oder beim Füttern mit der Flasche. Sofern die Umstände der Geburt nicht zu anstrengend waren und das Baby auf dem Bauch oder im Arm der Mutter Gelegenheit dazu bekommt, versucht es, aktiv den Blickkontakt herzustellen.

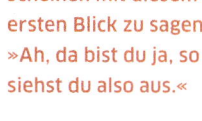

Baby und Mutter scheinen mit diesem ersten Blick zu sagen: »Ah, da bist du ja, so siehst du also aus.«

Die allermeisten Eltern halten übrigens ihr Kind unbewusst im richtigen Abstand. Selbst wenn Eltern sich nicht so sicher sind, ob ihr Kind sie sehen kann oder nicht, nehmen sie von selbst diese Position ein.

Babys bringen eine Vorliebe für das menschliche Gesicht mit. Wenn das Baby nicht zu müde oder von körperlichen Vorgängen abgelenkt ist, dann betrachtet es meist für Sekunden oder wenige Minuten das Gesicht seines Gegenübers, z. B. beim Wickeln, sehr aufmerksam. Am stärksten scheinen sie von den Umrissen eines Gesichtes sowie den glänzenden Augen und dem Mund angezogen zu sein. Die kontrastreichen Übergänge (Gesicht und Hintergrund, Haaransatz und Stirn) und die beweglichen Elemente eines Gesichtes (wie Augen und Mund) fesseln besonders ihre Aufmerksamkeit.

Mit etwa drei Monaten ist das Kind in der Lage, zweieinhalb Meter weit zu sehen, und mit etwa sechs Monaten gleicht sein Sehvermögen dem des erwachsenen Menschen. Es schaut nach zwei oder drei Monaten auch gerne mal ein Mobile oder etwas anderes an. In den ersten Lebenswochen und -monaten bleibt jedoch das menschliche Gesicht das interessanteste Objekt seiner Aufmerksamkeit. Das Baby versucht, die Unterschiede in der Mimik

Babys bringen eine Vorliebe für das menschliche Gesicht mit. Wenn sie nicht zu müde oder abgelenkt sind, dann betrachten sie das Gesicht ihres Gegenübers – kurz und sehr aufmerksam.

herauszufinden und Zusammenhänge zwischen seinem eigenen Verhalten und den mimischen Reaktionen der Mutter oder des Vaters zu erkennen und sich darauf einzustellen. Insbesondere der Gesichtsausdruck des Erwachsenen, der Freude, Ärger oder Ratlosigkeit zeigt, ist eine wichtige Quelle für die Entwicklung der eigenen Gefühle. Auch wenn noch nicht alle Details der Gefühlsentwicklung beim Kind aufgeklärt sind, so weiß man, dass der mimische Ausdruck zur Nachahmung anregt. Eigene innere Zustände – Freude, Neugier, Überraschung, aber auch Ekel, Angst oder Kummer – erfahren eine Spiegelung durch die mimischen Reaktionen des Erwachsenen.

Nicht alle Kinder schauen gleich viel und lange. Vielleicht ist es ihnen lieber, zu hören als zu sehen, und in den ersten Wochen ist ihnen möglicherweise beides noch zu viel. Wenn Babys ihren Blick abwenden, dann zeigen sie damit meistens, dass ihnen irgendetwas zu viel ist. Vielleicht ist die Mutter oder der Vater doch mal zu dicht dran oder sie benutzen zu früh Spielzeug, mit dem das Kind noch nichts anfangen kann und von dem es eher erschreckt als angeregt wird.

Ich höre dich

Mit dem Zeitpunkt der Geburt kann das Baby hören. In den letzten Wochen der Schwangerschaft hat es bereits die Stimmen seiner Eltern und typische Geräusche in seiner künftigen Umgebung, wenn auch leicht verzerrt, kennengelernt. Für seine ersten Höreindrücke noch vor der Geburt braucht es jedoch kein »spezielles Radioprogramm« mit besonderer Musik. Die normalen Geräusche reichen aus.

Das Baby bevorzugt deutlich die menschliche Stimme und insbesondere die höhere Stimmlage. Es wendet sich aber auch anderen Geräuschen zu, sofern diese nicht zu laut sind. Sein Interesse zeigt es dadurch, dass es die Augen öffnet und einen lebhafteren Gesichtsausdruck bekommt. Wenn es richtig wach ist und sich entsprechend bewegen kann, dann wendet es Kopf und Augen der Geräuschquelle zu. Vielleicht finden Babys ja gerade deswegen den Mund eines anderen so besonders interessant, weil er sich bewegt und dann auch noch Töne von sich gibt.

Augen und Ohren werden gleichermaßen genutzt, um die Geräuschquelle zu orten und anzuschauen.

Nicht zu laute Geräusche wecken manchmal die Neugier des Babys, sodass es selbst Tätigkeiten wie das Trinken gerne unterbricht, um zu hören und sich umzusehen. So entsteht ein Rhythmus zwischen Trinken und Pausieren. Das braucht Sie nicht zu beunruhigen – nutzen Sie diese kleine Pause doch einfach für ein Zwiegespräch. Das Baby weiß selbst am besten, wann es genug gehört und gesehen hat und wieder trinken möchte.

Um von der Stimme eines anderen oder einem Geräusch angezogen zu sein, darf es nicht zu laut sein. Welche Lautstärke Ihrem Baby zusagt, können Sie durch Beobachtung herausfinden. Ein leises und sanftes Ansprechen kann ein waches und ruhiges Kind neugierig machen, es kann aber auch ein schon erschöpftes, leicht quengelndes Kind beruhigen.

Bei zu lauten Geräuschen erschrickt das Baby, es zuckt vielleicht zusammen und wendet den Kopf ab. Seine Bewegungen werden unruhiger, als wolle es dem Geräusch entkommen. Bleibt es weiterhin laut, dann versucht es abzuschalten, sein Blick wird starr. Hat es damit keinen Erfolg, dann wird es mit Weinen und Schreien auf seine Überforderung aufmerksam machen. Bei bestimmten lauten Geräuschen wie dem Knallen einer Tür oder dem schrillen Klingeln eines Telefons kann es passieren, dass es sofort vor Schreck schreit. Auch lautes Schimpfen oder Anschreien macht dem Baby Angst.

Neugeborene bringen aus der vorgeburtlichen Zeit Erfahrungen mit der Melodie und dem Rhythmus ihrer Muttersprache mit, die sie dann nach der Geburt bevorzugen. Nicht nur weil die Muttersprache einem leichter über die Lippen geht, sondern auch, weil sie dem Kind vertraut ist, sollten Sie weiter in der »Sprache des Herzens« mit ihm reden. Das Kind passt selbst seine Bewegungen dem Rhythmus von Stimme und Sprache an. Ohne darüber nachzudenken, passen auch Eltern Tonlage und Rhythmus der Aufmerksamkeit ihres Kindes an. Man könnte meinen, sie tanzen mit kleinen Bewegungen. Und wie bei einem Tanz tanzt man einfach und muss nicht über die Schritte nachdenken.

Babys mögen es sehr, wenn wir viel mit ihnen sprechen. Je nach ihrem eigenen Befinden mal in anregendem Singsang oder mit einer eher monotonen und tieferen Stimme, wenn sie etwas aufgeregt hat oder sie übermüdet sind. Mit einer hohen Stimme scheinbar alberne Sachen und das mit häufiger Wiederholung zu sagen muss Ihnen daher nicht peinlich sein. Eigentlich machen das fast alle Menschen, wenn sie mit einem Baby sprechen. Falls Ihnen nichts einfällt oder Sie es doch ein wenig peinlich finden, dann versuchen Sie es mit Singen.

Mit allen Sinnen bedeutet für mich:
> Sehen: Gesichter sind das Interessanteste.
> Hören: Mamas und Papas Stimme sind
  die schönste Musik.
> Geruch: Mamas Duft ist einzigartig,
  Papas auch.
> Berührung: Ich fühle, also bin ich.
> Geschmack: Süß ist lecker.

Kleine Zwiegespräche

Ihnen ist sicher auch schon aufgefallen: Eltern oder auch andere Erwachsene machen mit einem Baby ganz besondere Sachen. Sie schauen das Kind mit einer übertrieben wirkenden Mimik an: machen große Augen, ziehen die Augenbrauen hoch, öffnen den Mund und sprechen in einer Sprache, die Außenstehenden wahrscheinlich merkwürdig vorkommt. In dieser Sprache kommen kurze, oft bedeutungslose Silben vor, die häufig wiederholt und mit einer hohen Stimmlage ausgesprochen werden. Diese »Baby- oder Ammensprache« und diese »eigenartige Mimik« gehören zu den **intuitiven Kompetenzen**: Auch andere verfügen über dieses unbewusste Wissen. Es »sagt« ihnen, was ihrem Baby gefällt und was es neugierig darauf macht, mit ihnen in Kontakt zu treten.

Eltern können zeitweise aus dem Bauch heraus handeln, ohne lange zu überlegen.

Gerade diese typischen Veränderungen in der Mimik und in der Stimme der Erwachsenen passen wunderbarerweise genau zu den Vorlieben des Babys für das Gesicht und die Stimme eines anderen. Zudem sind Babys ausgestattet mit einer großen Neugier und dem Bedürfnis zu erfahren, was in ihrer Umgebung passiert und wie sie da mitwirken können.

Das Baby kann sich immer besser »merken«, was passiert, wenn die Mutter sich zum Stillen hinsetzt oder welche Geräusche beim Flaschevorbereiten zu hören sind.

Der erste und zunächst wichtigste »Gegenstand« ihrer Neugier ist das Gesicht der Mutter oder des Vaters. Es ist deshalb so interessant, weil kein anderer »Gegenstand« so unmittelbar auf das Verhalten des Kindes reagiert. Lächelt das Kind, wird die Mutter große Augen machen, den Mund öffnen, auch lächeln und ihre Stimme erklingen lassen. Probiert das Kind seine Stimme aus, wird der Vater darauf reagieren und seinerseits den Ton nachahmen oder ganz leicht variieren und somit zu einem kleinen Gespräch ohne Worte einladen.

Solche Dialoge treten in den ersten Tagen und Wochen beim Wickeln, Füttern, Baden oder Beschäftigen viele Male auf. Durch seine große Neugier motiviert, lernt das Kind, wiederkehrende Abläufe und Zusammenhänge zu entdecken. Dieses Wissen über zusammengehörende Geräusche und Abläufe gibt dem Kind mehr Sicherheit und hilft ihm etwa ab dem vierten Lebensmonat, auch schon ein bisschen warten zu können, wenn es z. B. Hunger hat: »Das kenne ich schon, wenn sie diese Geräusche macht. Dann gibt es gleich etwas zu trinken. Da das fast immer so war, habe ich Vertrauen, dass es jetzt auch so sein wird, und ich werde noch ein kleines Weilchen aushalten können. Sie spricht dann ja auch immer mit mir. Dass es Worte gibt, die etwas bedeuten, weiß ich noch nicht, aber den Klang und die Melodie der Stimme, die kenne ich gut, und ich mag sie.«

In dieser Zeit, wenn das Baby schon für einen kurzen Zeitraum warten kann, beginnt es auch, im Kontakt mit Mutter oder Vater auszuprobieren, wie es bewirken kann, dass der andere auch lacht, spricht oder dahin schaut, wo das Kind auch hinschaut: »Lacht meine Mutter immer so, wenn ich sie anlächle, oder gibt es da noch andere Möglichkeiten, sie zum Lächeln zu bringen, vielleicht mit meiner Stimme?« Oder: »Ich gucke beim Wickeln auf das Mobile über mir, dann gucke ich meine Mutter an, dann wieder das Mobile, wieder meine Mutter, bis sie verstanden hat, dass sie das Mobile in Bewegung setzen soll. Es gibt mir ein richtig gutes Gefühl, dass ich mit meinen Augen sagen konnte, was ich möchte, und dass sie es verstanden hat. Ich habe etwas bewirkt, toll.«

Ich sehe, was ich höre – vom Zusammenspiel der Sinne

Diese wiederkehrenden Erfahrungen erlauben den Babys, einen ganzheitlichen Eindruck von der Welt zu bekommen. Lange Zeit hatte man angenommen, sie lebten in einer Welt getrennter Sinnesempfindungen, die sie erst allmählich zu einem Gesamteindruck zusammenfügen müssten. Genaue Beobachtungen zeigen jedoch, dass Babys sehr schnell einen umfassenden Eindruck von etwas haben, insbesondere von Gesicht und Stimme eines vertrauten Menschen.

Die folgenden Beobachtungen zeigen uns, wie wichtig das Miteinander ist: Mit etwa drei bis vier Monaten sind Babys irritiert, wenn sie ein sprechendes Gesicht sehen und die Stimme nicht aus der Richtung des Mundes, sondern von der Seite (z. B. mit einem Tonband eingespielt) kommt, wenn das sprechende Gesicht der Mutter mit einer fremden Stimme unterlegt wird oder die Mutter statt ihrer sonst vertrauten Mimik und Stimme das Kind starr anschaut und schweigt.

Babys sind dann irritiert, wenn ihr Gesamteindruck durch irgendetwas Unvorhergesehenes oder Unpassendes gestört wird.

Das Baby kann sich allmählich merken, wie Gesehenes und Gehörtes oder Gesehenes und Gefühltes zusammenhängen, und erwartet deren zuverlässige Wiederkehr. So lässt sich manches Quengeln und Schreien als Reaktion auf ein irgendwie verändertes, ein angespanntes oder ein sehr unaufmerksames Verhalten der Eltern deuten. Selbstverständlich können Sie nicht immer völlig gleich reagieren, das müssen Sie auch nicht. Kleine Unterschiede können die Kinder verkraften. Es fordert ihre Neugier heraus, diese kleinen Unterschiede zu erkennen und etwa ab dem vierten Monat durch ihr eigenes Verhalten vielleicht mitzugestalten.

Unterschiede im Alltagsverhalten sollten jedoch nicht dauerhaft die Lernmöglichkeiten des Babys überfordern. Was man schon kennt, das gibt einem Sicherheit; was davon etwas abweicht und nicht zu fremd ist, fordert einen heraus, Neues auszuprobieren. Was aber zu einer ständigen Überforderung führt, verursacht Stress. Da geht es den Babys nicht anders als uns Erwachsenen.

Diese erstaunlichen Beobachtungen haben viel dazu beigetragen, unser Verständnis von Babys zu verändern und manche Schwierigkeit im Alltag besser zu verstehen. Es gibt kein »dummes Vierteljahr«. Babys, auch kleine, spüren und können sehr viel mehr, als wir meinen.

Die Fähigkeiten des Neugeborenen

Meine Mimik sagt schon viel über mich:
> Ich kann damit meine Aufmerksamkeit und meine An-
> strengung zeigen. Hören, Sehen, Spüren – das kann ich
> sofort nach der Geburt. Ich kann mich anschmiegen, laut
> schreien und euch sogar nachmachen. Ich brauche ganz
> viel Ruhe und Wärme. Mich stören laute Geräusche, grel-
> les Licht und schnelle Bewegungen.

Mit allen Sinnen bedeutet für mich:
> Gesichter sind das Interessanteste (Sehen); Mamas und
> Papas Stimme sind die schönste Musik (Hören); Mamas
> Duft ist einzigartig, Papas auch (Geruch); ich fühle, also
> bin ich (Berührung); Süß ist lecker (Geschmack).

Die »Überlebensversicherung«:
> Ich bin unglaublich neugierig; bei mir gibt es kein »dum-
> mes Vierteljahr«; ich kann mich nur mit euch zusammen
> entwickeln, deshalb nutze ich alles, was euch an mich
> bindet; ich kann euch anlachen, ich kann nervig schreien;
> ich kann bewirken, dass ihr mit mir redet und mich auch
> anlacht.

Ich habe viel zu erzählen – auch ohne Worte

Mit seinen Reaktionen kann das Baby am besten darüber Auskunft geben, ob es vom Verhalten der Eltern beruhigt, angeregt, gelangweilt oder überfordert wird.

Babys und Eltern sind durch ihre ersten Kontakte so miteinander verbunden, dass Vater und Mutter gar nicht viel nachzudenken brauchen und auf die Signale ihres Kindes zumeist aus dem Bauch heraus reagieren. Ohne es genau erklären zu können, antworten sie dabei auf die feinen Veränderungen in den Signalen ihres Kindes und berücksichtigen das in ihrem Handeln.

Wir machen intuitiv das Richtige und unsere Handlungen sind auf die Lernmöglichkeiten des Babys abgestimmt. Würden wir erst lange nachdenken, was jetzt zu tun sei, könnte das Baby nur schwer einen Zusammenhang zwischen seinem Verhalten und den Reaktionen des Gegenübers herstellen. Wir haben aber gesehen, dass das Erkennen von wiederkehrenden Zusammenhängen ein grundlegendes Bedürfnis des Kindes und bedeutsam für seine Entwicklung ist. Es gibt ihm Sicherheit, sozusagen als Proviant für die nächsten Erkundungen.

Die Fähigkeit, intuitiv und damit auch richtig mit dem Baby umzugehen, gibt Ihnen eine erste Sicherheit über Ihre Handlungen. Versuchen Sie also Ihrem Gefühl oder Ihrer inneren Stimme zu folgen. Sie werden an den Reaktionen Ihres Kindes bemerken, dass die intuitiven Verhaltensweisen meistens wunderbar zu Ihrem Baby passen. So werden Sie und Ihr Baby gemeinsame Erfahrungen machen. Und aus diesen Erfahrungen gewinnen Sie beide Sicherheit für Situationen, bei denen Ihre intuitiven Handlungen durch Erfahrungen und Nachdenken ergänzt werden sollten.

Sie spüren, wann Ihr Baby hochgenommen werden will, wann es mit beruhigenden Worten getröstet oder mit aufmunternden Worten angeregt werden will.

Hin und wieder misslingt die Abstimmung. Das eine Baby ist noch etwas durcheinander und vielleicht etwas anstrengender als ein anderes. Mutter oder Vater trauen ihrer inneren Stimme nicht. Auch durch zu viele Ratschläge von anderen kann die innere Stimme verstummen. Oder häufiges Grübeln über das

»richtige« Handeln oder Erschöpfung und viele Sorgen stören diese innere Stimme. Dann wird es Zeit, etwas gegen die Erschöpfung und die Sorgen zu unternehmen.

Was zu Ihrem Baby passt, wenn die innere Stimme zu leise ist, lässt sich durch vorsichtiges Probieren herausfinden. Wie kann das funktionieren? Der wichtigste Experte für eine verbesserte oder erleichterte Abstimmung ist das Baby selbst. Da es noch nicht sprechen kann, müssen wir die Antworten in seiner Körpersprache suchen.

Die Körpersprache des Babys entschlüsseln

Der Schlüssel liegt also in der Beobachtung des Kindes. Im Alltag fließt diese Beobachtung in unsere Handlungen mit ein. Mit zunehmender Erfahrung werden uns manche Verhaltensweisen des Kindes und unsere Reaktionen darauf bewusster, und wir können sie dann überlegt einsetzen, wenn wir das Kind anregen oder ihm helfen wollen, nach einem Zustand von Verwirrung und Anstrengung seine Balance wiederzufinden. An diesen Signalen orientieren wir dann unser eigenes Verhalten – Erfahrung macht den Meister.

Wenn wir mit dem Kind zusammen sind, dann nehmen wir intuitiv oder bewusst Signale wahr, die uns Auskunft über sein Befinden geben.

Babys können uns mit ihrem Verhalten sehr fein abgestimmt mitteilen, ob sie gerade offen für ein kleines Zwiegespräch sind oder sich kurz mit sich selbst beschäftigen wollen, ob sie sich überfordert fühlen oder eine kürzere oder längere Pause brauchen. Einige ihrer Botschaften sind sehr eindringlich, wie Lächeln oder Schreien. Andere sind eher unauffällig und so kurz, dass sie uns gar nicht bewusst sind, z. B. das Spreizen eines Fingers oder ein kurzes Wegdrehen des Kopfes.

Diese kleinen oder größeren Signale des Kindes an seine Umgebung nennen wir nach Anregungen der Säuglingsforscher Heideliese Als und T. Berry Brazelton Feinzeichen des Befindens. Können Sie diese sehen und verstehen, dann wird es einfacher sein, mit Ihrem Baby die wundervollen Zwiegespräche zu genießen und ihm zu helfen, nach kleineren oder größeren Belastungen wieder die Balance zu finden.

Feinzeichen bei Erwachsenen

Machen wir zunächst eine kurze Selbstbeobachtung. Woran merken wir und andere, dass wir entspannt und ausgeglichen oder im Stress sind? Auch bei uns geben die Feinzeichen des Befindens darüber Auskunft. Bei Anspannung und Stress könnte es sein, dass wir mit keinem reden und in Ruhe gelassen werden wollen. Manche fangen vielleicht auch an zu schimpfen. Unsere Aufmerksamkeit ist auf wenige Dinge begrenzt, und wir bekommen kaum mit, was in der Umgebung gerade geschieht. Geht es uns gut, dann haben wir Lust, mit anderen zu reden, die Dinge des Alltags gehen uns locker von der Hand. Unsere Stimme ist klangvoll, und unsere Mimik ist entspannt. Vielleicht lachen wir sogar. Wir sind ganz wach und aufmerksam.

Momente von Anspannung verraten sich durch unsere Körpersprache. Möglicherweise haben wir die Schultern hochgezogen und fühlen uns sehr verspannt. Hektische Bewegungen können ebenfalls unsere Anspannung verraten.

Wenn wir uns wohlfühlen, spüren wir kaum Verspannungen, und unsere Bewegungen machen einen harmonischen, fließenden Eindruck. Dann ist unsere Atmung ruhig und gleichmäßig, was sich auch auf unsere Stimme auswirkt.

In Situationen von hoher Anspannung verändert sich unsere Atmung, sie kann schneller werden, gepresst wirken oder stocken. Auch rote Hautflecken oder Probleme mit der Verdauung können auftreten.

Feinzeichen bei Babys

Die Signale des Babys sind in Momenten von Zufriedenheit oder
Überlastung denen von Erwachsenen sehr ähnlich. Ihnen fehlt
zwar noch die Sprache, um uns zu sagen, wie es ihnen geht. Um
so mehr zeigen sie ihr Befinden in der Mimik, in der Bewegung
und in körperlichen Reaktionen.

Wenn man den Babys zusieht, wird man mit Erstaunen feststellen, wie viel und wie genau sie uns über ihr Befinden ohne Worte mitteilen können. Wie bei uns lassen sich diese Reaktionen in
vier unterschiedlichen Bereichen beobachten.

Den Kern dieses Gesamtsystems bildet das sogenannte autono-
me System. Es steuert die grundlegenden körperlichen Funkti
onen des Kindes. Veränderungen können sich in der Atmung
oder in der Hautfarbe bemerkbar machen. Auch Reaktionen wie
Spucken, Schluckauf, Zucken, Zittern weisen auf Zustände hin,
die für das Kind gerade anstrengend sind. In den ersten Tagen
und Wochen sind diese Reaktionen recht alltäglich und geben
Auskunft über das momentane körperliche Befinden des Kindes.
Sie zeigen uns, dass das Baby sich gerade anstrengt, um mit inneren (z. B. Hunger) oder äußeren Eindrücken (Stress beim Wickeln) zurechtzukommen.

Bewegungen des Kindes werden durch das motorische System
gesteuert. Man kann Unterschiede in der Art und im Tempo der
Bewegung und im Muskeltonus, der Anspannung in der Musku-
latur, insbesondere in den Armen und Beinen beobachten.

Ob ein Kind wach oder eingeschränkt in seiner Aufmerksamkeit
ist, quengelt oder schreit bzw. schläft, sagt etwas über den Grad
seiner Aufmerksamkeit aus. Somit können wir an seiner Auf-

merksamkeit sehen, ob es etwas erkunden möchte, ob es selbst zur Ruhe kommen kann oder mit Quengeln und Schreien unsere Hilfe einfordert. Beobachten wir also seine Aufmerksamkeit, dann sprechen wir vom System seiner Schlaf- und Wachzustände und von der Steuerung seiner Aufmerksamkeit.

Blickkontakt, Lächeln, Töne von sich geben sind Zeichen an Sie, dass Ihr Baby zu einem kleinen Dialog bereit ist. Wenn es eine kurze Pause braucht, dann wendet es seinen Blick ab und hört auf zu sprechen. Auch die Mimik verrät die bestehende Anstrengung oder Belastung. Die Forscherin Heideliese Als fasst diese Verhaltensweisen als interaktives System zusammen, weil sie uns Hinweise darüber geben, ob und wie das Kind für eine kleine Unterhaltung mit Mutter oder Vater oder für die Erkundung eines Gegenstandes bereit und in der Lage ist.

Die Tabelle gibt einen kleinen Überblick über typische Verhaltensweisen, die eher auf Entspannung und Aufmerksamkeit oder eher auf Anspannung und Abwendung hinweisen.

Das Baby zeigt uns, was es gerade möchte: etwas entdecken, sich ausruhen oder Hilfe einfordern.

Gerade ganz kleine Babys haben oft noch sehr angespannte Arme und Beine, die sie abwechselnd beugen und strecken. Auch ihre Händchen sind geschlossen. Die Steuerung seiner Bewegung verlangt dem Kind viel Anstrengung ab.

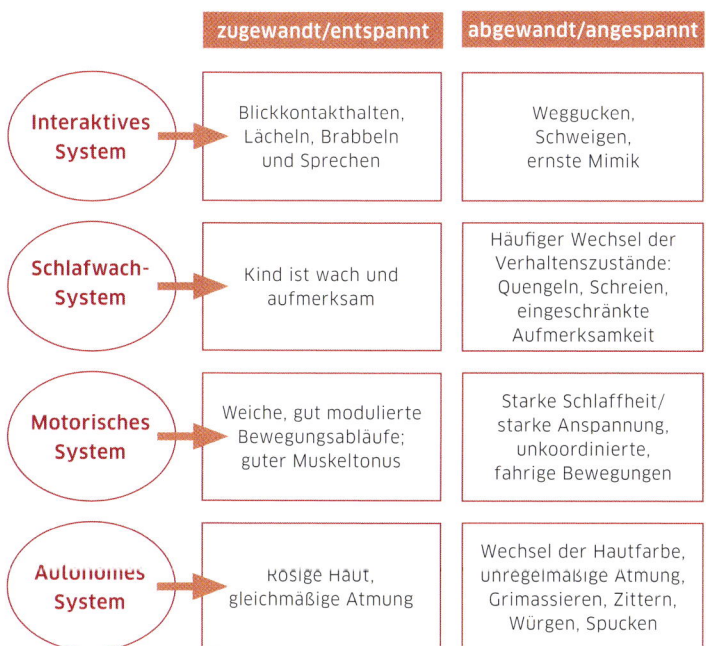

	zugewandt/entspannt	abgewandt/angespannt
Interaktives System	Blickkontakthalten, Lächeln, Brabbeln und Sprechen	Weggucken, Schweigen, ernste Mimik
Schlafwach-System	Kind ist wach und aufmerksam	Häufiger Wechsel der Verhaltenszustände: Quengeln, Schreien, eingeschränkte Aufmerksamkeit
Motorisches System	Weiche, gut modulierte Bewegungsabläufe; guter Muskeltonus	Starke Schlaffheit/ starke Anspannung, unkoordinierte, fahrige Bewegungen
Autonomes System	Rosige Haut, gleichmäßige Atmung	Wechsel der Hautfarbe, unregelmäßige Atmung, Grimassieren, Zittern, Würgen, Spucken

Feinzeichen des Befindens (nach Als/Brazelton)

Anspannungen können im Baby selbst (z. B. durch Hunger, durch Schmerzen) oder auch durch äußere Umstände (z. B. Kälte, volle Windel) entstehen. Die Ursache ist nicht immer sofort ersichtlich. Babys zeigen alle diese Verhaltensweisen in unterschiedlicher Intensität und Häufigkeit. Faszinierend dabei ist, wie fein abgestimmt sie uns ihr Befinden mitteilen können.

Was am Anfang viel Kraft kostet, z. B. das Wickeln, wird allmählich immer leichter und selbstverständlicher. Ruhiges Ansprechen, vorsichtiges Berühren und die eine oder andere Pause helfen, die alltäglichen Anstrengungen zu bewältigen. Die Feinzeichen, die auf eine Anstrengung hinweisen, werden seltener, und das Baby zeigt etwa beim Wickeln mehr Interesse an seiner Umgebung, redet vielleicht mit oder ist kaum noch zu halten, weil es sich wegdrehen oder krabbeln möchte.

Manches kann ich schon selbst, für anderes brauche ich Hilfe

Babys nutzen in Momenten von Anspannung und Belastetheit eigene Aktivitäten, um zumindest bei kleinerem Stress selbst wieder zur Entspannung zurückzufinden. Diese Möglichkeiten zur sogenannten Selbstregulation oder Selbsthilfe kann das Baby besonders gut nutzen, wenn es zusätzlich Hilfe von außen bekommt. Sie besteht genau in dem, was Eltern tun, nämlich mit dem Kind sprechen, es berühren und halten – ein weiteres Beispiel für die Abstimmung zwischen dem Kind und seinen Eltern.

Im interaktiven System sind Anzeichen für die Selbsthilfe ein kurzes Weg- und Wiederhingucken. Weggucken heißt: »Moment mal, ich brauche eine kurze Pause.« Wird diese dem Kind gewährt, so wird es meistens von selbst wieder den Blickkontakt aufnehmen, so als wollte es sagen: »So, da bin ich wieder, ich habe mich einen kurzen Moment ausgeruht und jetzt kann es weitergehen.«

Abwendung vom und Zuwendung zum Erwachsenen, auch das kurzzeitige Betrachten eines Gegenstandes oder ein kurzer, starrer Blick sind eine Form der Selbsthilfe. Anstrengungen, die seine Aufmerksamkeit beeinträchtigen, kann das Baby selbst ausgleichen, indem es mal kurz quengelt und sich abwendet. Sicher haben Sie schon gesehen, wie Ihr Baby die Finger oder die ganze Hand an oder in den Mund führt und daran saugt.

Manche Eltern machen sich Sorgen über die Entwicklung der Zähne. In diesem frühen Alter stecken die Kinder jedoch meistens die ganze Hand in den Mund, es handelt sich hier also nicht um das befürchtete Daumenlutschen. Die Erkundung der eige-

So kann sich das Baby kurz erholen. Saugen dient nicht nur der Nahrungsaufnahme, sondern auch der Selbstberuhigung.

nen Hände mit dem Mund scheint auch die Sprachentwicklung zu unterstützen. Die eigene Hand hat das Kind außerdem immer dabei. Einen Nuckel muss man oft genug genau dann suchen, wenn er gerade dringend gebraucht wird.

Zur Selbstberuhigung und zum Haltfinden führen die Kinder ihre Hände und Füße in der Körpermitte aneinander. Der Kontakt mit den Füßen beim Gegenüber oder das Ergreifen eines Gegenstandes sind Bewegungen, die das Baby ebenfalls für sich selbst nutzen kann.

Wenn man genau hinsieht, stellt man fest, dass das Baby diese Bewegungen immer dann zeigt, wenn eine kleine Belastung aufgetreten ist. Häufig ist es danach wieder etwas kontaktbereiter als in den Sekunden davor. Dabei können die Übergänge zwischen den vier Bereichen fließend sein. Ein Baby zeigt beispielsweise Anzeichen von Stress in seinen Bewegungen und kann dennoch seine Mutter anschauen und etwas sagen. Vielleicht hat es noch ein bisschen Kraft, der Mutter zu antworten, die gerade selbst etwas gesagt hat.

Beobachtet man deutliche Belastungszeichen im autonomen System, also dem Bereich, der die grundlegenden körperlichen Funktionen des Kindes steuert, so ist das ein Hinweis darauf, dass die erlebte Anstrengung relativ hoch ist. Dann reicht die Kraft des Babys nicht mehr aus, sich selbst zu helfen. Um z. B. die eigene Hand zu finden und in den Mund zu führen, braucht das Baby noch einen Rest von Kraft. Es wächst das Bedürfnis des Babys nach Ruhe, Halt und Wärme. Jetzt hilft nur noch, etwas zu trinken, die Windeln zu wechseln oder zu schlafen. Kleine Zwiegespräche müssen warten.

Beobachten wir Max

In dem folgenden kurzen Zwiegespräch zwischen dem drei Monate alten Max und seiner Mutter sind alle Feinzeichen für Entspannung und Anstrengung innerhalb von wenigen Sekunden zu beobachten; sie erzählen eine eindrucksvolle Geschichte über die kleinen und kleinsten Verhaltensunterschiede eines Babys im Miteinander mit seiner Mutter.

Wir werden sehen, dass die Entdeckung eines Spielzeugs oder der Bewegungen seiner Mutter anstrengend für ein Baby ist. Die sichtbaren Zeichen dafür weisen allerdings nicht auf ein misslungenes Miteinander hin. Lernen bedeutet immer eine gewisse Anstrengung, und die ist im Verhalten von Max erkennbar. Zugleich wird deutlich, wie sehr Kinder von sich aus versuchen, in der Balance zu bleiben oder diese wiederherzustellen.

Babys möchten Gefühle austauschen und in dem gemeinsamen Zwiegespräch viel lernen. Sie sind so neugierig, dass sie die Anstrengung nicht scheuen. Erst wenn der Erwachsene durch sein Verhalten das Bedürfnis nach Pausen immer wieder übersieht oder die Fähigkeiten des Babys durch zu viele Reize ständig überfordert werden, droht die Abstimmung zu scheitern.

Die Kinder selbst sind von Beginn an sehr unterschiedlich. Manche halten länger durch, andere sind schneller erschöpft. Einige sind so neugierig, dass sie ihre Überforderung zu spät bemerken und dann, scheinbar ohne Vorankündigung, schreien. Wieder andere sind vorsichtig und bedächtig. Die einen finden ihre Hand zur Selbsthilfe schneller, andere muss man mehr unterstützen. Kein Baby gleicht dem anderen.

Kinder möchten, solange ihre Kraft reicht, im Kontakt bleiben.

Wenden wir uns Max zu. Er ist wach und aufmerksam, außerdem satt, die Windel ist trocken, und er fühlt sich wohl. Seine Mutter hat ihn auf eine Decke auf den Boden gelegt und sich zu ihm gesetzt. Sie nimmt sich etwas Zeit für ihn. Was macht Max? Er ist aufmerksam, jedoch durch den Wechsel vom Bett auf den Boden ein wenig irritiert. Seine Aufmerksamkeit lässt sich daran erkennen, dass er aktiv Kontakt zu seiner Mutter aufnimmt. Er schaut sie mit großen, glänzenden Augen an, öffnet den Mund und lächelt. Er streckt die Arme aus und spricht sie an. Dabei liegt er ruhig da. Seine leichte Irritation zeigt er dadurch, dass er abrupte, für sein Alter typische Armbewegungen macht. Auch ein ganz kurzes Verziehen des Mundes und ein leichter Schluckauf sind Hinweise auf seine Anstrengung. Dennoch kann er sich seiner Mutter zuwenden und den Kontakt zu ihr halten.

Dabei hilft ihm die Mutter ein wenig, indem sie ihn anspricht. Sie sagt zu ihm: »Ist dir zu warm?« Max antwortet: »Eiha«, und die Mutter antwortet mit »Eiha«. Danach wird er für ein paar

Sekunden etwas ruhiger. Man sieht, wie er sich nicht mehr abrupt bewegt und die Arme auf seinen Bauch legt. Er lächelt und spricht weiter. Trotz seiner leichten Irritation ist er aktiv und freundlich zugewandt. Es sind etwa 50 Sekunden vergangen.

Jetzt bietet ihm die Mutter einen Ring an. Max ist konzentriert. Aufmerksam betrachtet er den Ring. Seine große Neugier ist erkennbar an seiner Mimik, er schaut ohne Unterbrechung auf den Ring und verfolgt ihn mit dem Blick, wenn die Mutter ihn vor seinem Gesicht langsam bewegt. Außer leichten Arm- und Fingerbewegungen sind keine weiteren Bewegungen zu beobachten. Er spricht auch nicht. Diese körperliche Ruhe ist nicht als Zeichen von Erschöpfung, sondern von Aufmerksamkeit zu verstehen. Da das aktive Greifen für ihn noch schwierig ist, untersucht er den Ring mit den Augen, erkennbar an seinen Augenbewegungen.

Nun schüttelt die Mutter den Ring und sagt: »Guck mal her.« Max streckt die Zunge heraus, zieht die Augenbrauen zusammen, blinzelt und zuckt mit der rechten Hand. Man könnte annehmen, dass er in diesem Moment mit dem genauen Betrachten des Ringes vollauf beschäftigt und zufrieden war, sodass die überraschende Bewegung der Mutter ihn kurz gestresst hat. Seine veränderten Verhaltensweisen zeigen uns das. Noch ist er munter genug, um mit dieser kurzen »Störung« selbst zurechtzukommen. Dann wendet er sich wieder konzentriert und aufmerksam dem Ring zu. Seine linke Hand ist leicht geöffnet, er hebt den Arm. Er öffnet und schließt den Mund. Ähnlich wie das Saugen an der Hand oder am Schnuller ist dies ein Zeichen von Aufmerksamkeit und Selbsthilfe.

Mit seinen Fingern kann Max den Ring noch nicht ergreifen. Seine Mutter berührt mit dem Ring seine rechte Hand, da hebt er den Arm, kann jedoch noch nicht zufassen. Dass er den Ring haben möchte, ist hier wieder an seinen Mundbewegungen erkennbar. Er öffnet den Mund so, als wenn er den Ring mit Lippen und Mund erkunden wollte. Der Ring bleibt auf der rechten Hand liegen. Max verliert ihn, schaut ihm nach, öffnet und schließt wiederum den Mund, um sich zu stabilisieren und aufmerksam und zugewandt sein zu können.

Im weiteren Verlauf wird deutlich, dass seine Aufmerksamkeit nachlässt und seine Müdigkeit zunimmt. Max' Neugier und Selbsthilfe reichen für eine Fortführung des kleinen »Gesprächs über den Ring« nicht mehr aus. Für einen kurzen Zeitraum bewegt er sich ruckartig, überstreckt den Körper und dreht sich zur Seite. Er bekommt Schluckauf, runzelt die Stirn, seine Haut wird marmoriert, er beginnt leise zu quengeln.

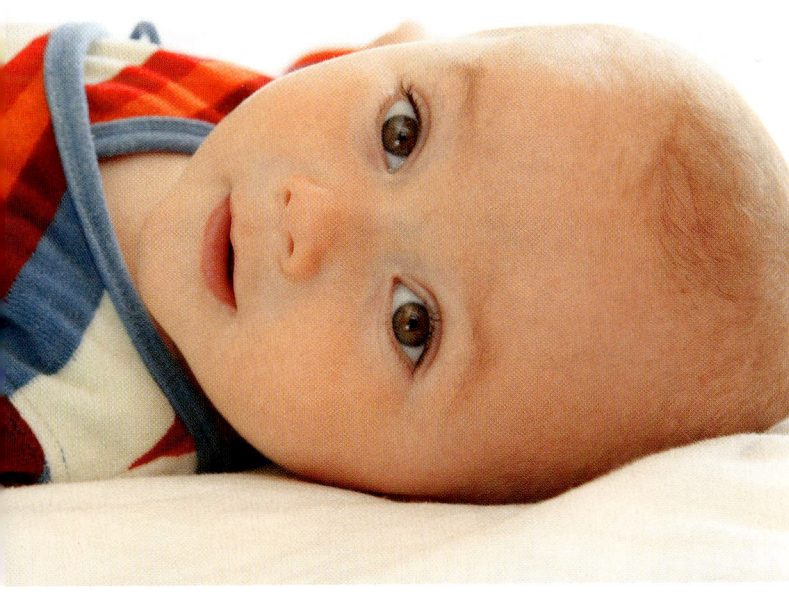

Noch ist das Baby aufmerksam und zugewandt.

Dann versucht Max, sich noch einmal seiner Mutter zuzuwenden. Er schaut sie an, lächelt und brabbelt, ist aber nun zu erschöpft, um von sich aus das Zwiegespräch länger aufrechtzuerhalten. Wieder treten ruckartige Bewegungen und Schluckauf auf. Er dreht sich zur Seite und überstreckt sich nochmals. Seine linke Hand ballt sich zur Faust. Sein Kopf ist weit zur rechten Seite gedreht und er presst die Lippen aufeinander. Seine Anspannung ist auch in seiner Mimik zu beobachten. Er zieht die Augenbrauen zusammen und der Mund ist fest geschlossen, die Mundwinkel hängen leicht herunter.

Als seine Mutter etwas sagt, wird er kurz ruhiger in seinen Bewegungen, er schaut sie für kurze Zeit an und lächelt. Dann dreht er sich nach links, sein Kopf ist weit nach oben gestreckt. Die gepresste Atmung und die marmorierte Haut sind weitere Zeichen seiner momentanen Anstrengung.

Max versucht wieder, etwas zu »sagen«, doch er bleibt angespannt, erkennbar an den ruckartigen Bewegungen und den
zusammengezogenen Augenbrauen. Dann wechselt sein Muskeltonus. Für kurze Zeit wird er schlaff, ein Moment seiner
Selbsthilfe. Gleichzeitig hilft ihm seine Mutter, indem sie den
Ring nicht mehr bewegt und ihr Kind jetzt nur anspricht und
ansieht. Sie korrigiert ihr Verhalten, weil sie bemerkt hat, dass
ihre Bewegung mit dem Ring zu viel für Max gewesen ist und
er eine kleine Pause benötigt. Max gelingt es durch Selbsthilfe
und die Unterstützung der Mutter, wieder ruhig zu werden. Sofort verändert sich seine Mimik, er lächelt, strahlt und gluckst
fröhlich.

Diese Einladung von Max veranlasst die Mutter zu einem neuen
Angebot, sie tippt Max auf die Nasenspitze. Der reagiert sofort
mit den uns schon vertrauten Anzeichen von Anspannung. Er
beginnt zu quengeln, dreht sich weg, presst die Lippen aufeinander, überstreckt sich, und seine Atmung ist gepresst, ein Schluckauf kommt hinzu. Offensichtlich war das freundliche Nasetip-
pen für Max in der jetzigen Situation dann doch zu viel, und
man kann es deutlich an seinen Feinzeichen sehen.

Seine Mutter kann er jetzt nicht mehr anschauen, er spricht
nicht mehr und wendet sich völlig ab. Er nimmt eine Hand in
den Mund, um sich selbst zu beruhigen. Dann legt er sie auf den
Bauch. Die Mutter redet mit tiefer Stimme beruhigend auf ihn
ein, er wendet sich ihr wieder zu, schaut sie an, brabbelt und
wird für einige Sekunden ruhiger. Dann dreht er den Kopf wieder zur Seite. Jetzt ist er erschöpft und müde, er wendet sich ab.
Für ein weiteres Zwiegespräch oder das Erforschen des Ringes
hat er jetzt keine Kraft mehr. Das wird sichtbar an einem langen
starren Blick des ruhig daliegenden Kindes. Die Mutter spricht
jetzt leise. Max schläft allmählich ein.

Die Mutter hilft durch sanftes, beruhigendes Sprechen. Max entspannt sich und wird langsam schläfrig. Etwa vier Minuten haben diese sehr unterschiedlichen und sehr vielfältigen Reaktionen gedauert. Eindrucksvoll ist dabei das Zusammenspiel zwischen den eigenen Bemühungen des Kindes, seine Balance wiederzufinden, und den Hilfen der Mutter.

Schauen, staunen und antworten, statt viel nachzudenken

Im Alltag mit einem Baby ist es normalerweise weder möglich noch nötig, so genau zu beobachten. Die genaue Betrachtung einer kurzen Szene wie der eben beschriebenen macht jedoch deutlich, wie fein abgestimmt die Zeichen des Babys sind und welche Möglichkeiten der Selbstregulation das Baby hat. Außerdem wird sichtbar, wie es durch den Blickkontakt und die Stimme des Erwachsenen angeregt, aber auch beruhigt werden kann.

Ihr Baby lernt also in den aufmerksamen, wachen Momenten, wie man in Kontakt mit einem anderen tritt und wie man bei kleinen Anstrengungen selbst in die Balance kommt. Es schaut kurz zur Seite oder nuckelt an seiner Hand. Es findet heraus, wie seine Mutter oder sein Vater durch Ansprechen und Pausen machen auf seine Wünsche achten. Sie lassen ihrem Kind Zeit, sich zu erholen und die Eindrücke zu verarbeiten. Sie berühren oder halten es und sprechen mit ihm. Dadurch entdecken sie, wie ihr Baby sich selbst ausruhen kann und wie sie ihm zu einer kleinen Erholung verhelfen können. Hat sich das Baby ein wenig ausgeruht, dann können beide ihr Zwiegespräch erneut starten. Nach und nach werden die Eltern bemerken, dass ihr Kind eine größere Pause oder auch etwas Stärkung braucht. Eine gute Abstimmung!

Das Alphabet der Feinzeichen

Mit diesem kleinen »Wörterbuch« verstehen Sie besser, was das Baby Ihnen sagen möchte.

> Aufmerksame Augen, entspanntes Gesicht, Lächeln heißen: Ich will mich mit dir unterhalten.

> Weggucken, Augenschließen, Schweigen heißen: Ich brauche eine kleine Pause.

> Hände aneinander oder eine Hand im Mund heißen: Ich beruhige mich selbst, gleich kann es weitergehen.

> Füße am Bauch oder an den Armen von Mutter oder Vater heißt: Ich muss mich mal kurz bei dir abstützen.

Wenn's mal schwer wird, weil ich so viel schreien muss

Jedes Kind ist anders. Das zeigt sich in den ersten Lebenswochen auch beim Ankommen und Sichzurechtfinden. Was den einen relativ leicht gelingt, macht anderen viel mehr Mühe.

Einige Kinder vermitteln uns den Eindruck, dass sie vielleicht noch Zeit über das erste Vierteljahr hinaus brauchen, um anzukommen. Sie finden lange keinen vorhersehbaren Rhythmus, sind schneller erschöpft und quengelig, schreien viel und kommen nur schwer zur Ruhe. Das viele Schreien eines Babys ist für Eltern sehr anstrengend und kann die Abstimmung empfindlich stören.

Schreien – unüberhörbare Nachrichten

Schreien ist zunächst ein ganz normales Verhalten und gehört wie Schlafen und Wachsein zum Leben des Babys dazu. Durch das Schreien kann es intensiv auf seine Bedürfnisse aufmerksam machen. Das ist kaum zu überhören und löst bei Personen in seiner Umgebung Unruhe und Fürsorgeverhalten aus. Die Erwachsenen versuchen in der Regel herauszufinden, was die Ursache des Schreiens sein könnte, um dann etwas dagegen zu unternehmen: Ist es Hunger, Durst, Müdigkeit, Unwohlsein, Schmerz oder auch Langeweile, ein Zuviel an Anregungen oder das Bedürfnis nach Nähe?

Eltern brauchen eine bestimmte Zeit, um die jeweiligen Ursachen herauszufinden. Dabei orientieren sie sich an der Intensität des Schreiens und den bereits gemachten Erfahrungen der letzten Tage. Stärkeres Schreien wird als Ausdruck von Schmerzen wahrgenommen und schwächeres als Nörgeln und Quengeln, weil das Baby unzufrieden ist.

Eltern sind manchmal verunsichert, ob sie ihr Baby schreien lassen sollten oder nicht. Fragen wir am besten Lisa, die jetzt fünf Wochen alt ist.

Unruhe- und Schreiphasen treten bei gesunden Säuglingen im Zusammenhang mit den normalen Reifungs- und Anpassungsprozessen auf. Unabhängig davon, ob Babys viel oder wenig schreien, bevorzugen sie die späten Nachmittags- und frühen Abendstunden. Während Neugeborene vergleichsweise weniger schreien, nimmt die Schreidauer über die ersten Wochen zu und erreicht einen Höhepunkt im Alter von sechs Wochen mit durchschnittlich etwas mehr als zwei Stunden Schreien. Danach gibt es eine gleichmäßigere Verteilung über den Tag, nachts schreien die Babys weniger. Nach dem dritten Monat schreien sie durchschnittlich noch eine Stunde. Diese Durchschnittswerte geben nur eine erste Orientierung. Dauer und Intensität des Schreiens können bei den Kindern sehr unterschiedlich sein.

Lisa sagt uns, warum sie schreit

»Also, was ich gar nicht möchte: alleine in meinem Bettchen liegen und schreien und keiner kommt. Ich schreie doch so laut, damit einer kommt und nach mir sieht. Ich kann auch noch nicht lange warten, bis mir jemand hilft, wieder ruhiger zu werden. Ich schreie auch noch nicht grundlos oder weil ich jemanden ärgern will. Ich weiß noch gar nicht was das ist, jemanden ärgern. Irgendeinen Grund gibt es immer, auch wenn der nicht gleich zu erkennen ist und ich ihn selbst nicht so genau kenne. Ich muss auch manchmal einfach schreien und will dann nicht alleine sein.

Eine Ausnahme gibt es von dieser Regel: Wenn meine Mama oder mein Papa von meinem vielen Brüllen so wütend geworden ist, dass sie denken, sie könnten mir was antun, dann ist es besser, sie lassen mich schreien und gehen lieber aus dem Zimmer, bis die Wut verraucht ist. Denn das verzweifelte Schütteln oder gar Schlagen kann für mich sehr schnell gefährlich werden. Diese Wut ist gar nicht so selten, habe ich gehört. Wenn kein anderer da ist, dann muss ich eben mal alleine schreien. Das ist allemal besser, als wenn meine erschöpfte Mutter oder mein verzweifelter Vater ausrastet. Ich bin doch noch so klein und verletzlich.

Liebe Eltern, holt euch unbedingt Hilfe, wenn ihr diese Wut und Verzweiflung spürt!!

Wenn jemand gleich kommen kann, zumindest in den ersten drei bis vier Monaten, dann werde ich Vertrauen zu meinen Eltern aufbauen. Ich weiß dann auch, dass ich stark genug bin, auf mich aufmerksam zu machen, und dass es ihnen nicht egal ist, wie es mir geht.

Das ist natürlich ganz schön viel verlangt, dass immer gleich jemand kommen soll. Es wäre also gut, wenn mehrere Personen diese Aufgabe am Anfang übernehmen könnten. Es muss nicht immer meine Mama sein. Mein Papa kann das ebenso gut. Ich bin auch zufrieden, wenn andere sich freundlich um mich kümmern, weil meine Eltern mal keine Zeit oder Kraft haben und ich noch nicht warten kann.«

Das Baby will uns nicht ärgern

Das Baby setzt sein Schreien zunächst als direkte Mitteilung über sein eigenes Befinden ein, ohne die Reaktion seiner Umgebung zu kennen oder zu erwarten. Es weiß also noch nicht, was es damit erreichen kann. Es gibt lediglich Bescheid, dass es sich nicht wohlfühlt und sich in einer schwierigen Situation befindet, aus der es alleine nicht herausfinden kann. Schreien ist eben das wirksamste Mittel, allen laut und deutlich Bescheid zu sagen, dass man dringend Hilfe benötigt.

Auch wenn Sie manchmal den Eindruck haben könnten, Ihr Baby schreie mit Absicht und wolle Sie ärgern, so weiß man aus der wissenschaftlichen Beobachtung, dass Kinder bis ins Kindergartenalter niemanden absichtsvoll ärgern können. Dazu benötigen sie erst die Fähigkeit, bewusst den Blickwinkel eines anderen einnehmen zu können. Bis dahin handeln Kindern aufgrund ihrer bisherigen Erfahrungen.

Zwar kann ein Kind etwa ab dem dritten bis vierten Lebensmonat einen Zusammenhang zwischen seinem Verhalten und den Reaktionen seiner Umwelt erkennen, aber diese Reaktion eben noch nicht absichtsvoll provozieren. Das gilt auch für das Schreien. Es kann allmählich die Erfahrungen mit den Reaktionen seiner Umgebung auf sein Schreien in das eigene Verhalten integrieren. Es hat gelernt, welche Wirkung sein Schreien bei den Personen in seiner Umgebung hat, und kann sie zielgerichtet, aber nicht mit böswilliger Absicht nutzen.

Das Baby braucht nicht mehr so viel und lange zu schreien, wenn es weiß: Ich kann mich darauf verlassen, dass jemand kommt und nach mir sieht.

Während das Schreien in den ersten Wochen anhaltend ist, setzt es das Kind später nur kurz ein und wartet auf eine Reaktion von Mutter oder Vater. Erfolgt diese fast gleich, so macht es die Erfahrung, dass es seine Bedürfnisse signalisieren kann und diese auch gehört werden.

Mit drei Monaten verhält sich das Baby spürbar flexibler und ausgeglichener – es ist angekommen und kennt sich schon ganz gut aus. Dieser deutlich sichtbare Entwicklungsschub führt bei vielen Babys zu einer Verringerung des Schreiens. Manchmal haben Eltern den Eindruck, diese Veränderung trete von einem Tag auf den anderen ein, und ihr Kind scheint ihnen wie verwandelt. Die ersten anstrengenden Monate sind überstanden. Jetzt wird es bestimmt einfacher für das Baby und seine Eltern werden.

»Schreibabys« und ihre besondere Schwierigkeit, sich zurechtzufinden

Wenn ein Baby im ersten Vierteljahr sehr viel schreit, so wurde und wird den Eltern oft gesagt, dass es sich um die sogenannten Dreimonatskoliken handelt, dafür gebe es Medikamente, und man sollte vielleicht die Ernährung umstellen. Die Ursachen für das viele Schreien und die vermehrte Unruhe werden dabei vorrangig in Verdauungsproblemen gesehen, weil man bei den Kindern häufig einen harten Bauch, eine rote Hautfarbe und angespannte und gebeugte Arme und Beine beobachten kann.

Trotz einer großen Anzahl von Untersuchungen lassen sich für die vermuteten Ursachen jedoch keine eindeutigen Belege finden. Nur etwa elf Prozent der viel schreienden Kinder haben wirklich Bauchschmerzen und Verdauungsprobleme. Da auch die empfohlenen Maßnahmen oft nicht helfen und bei einigen Kindern das vermehrte Schreien über den dritten Lebensmonat hinaus anhält, müssen also noch andere Faktoren eine Rolle spielen.

Die moderne Säuglingsforschung geht davon aus, dass das Problem besonders bei Babys auftritt, die größere Mühe als andere haben, sich nach der Geburt zurechtzufinden. Man spricht davon, dass es ihnen schwerfällt, ihr Verhalten selbst gut zu steuern. Sie werden mit größeren Anpassungsproblemen geboren.

Solche Kinder haben Schwierigkeiten damit, einen ausgeglichenen Rhythmus zwischen aktivem Wachsein und Schlafen zu entwickeln. Sie quengeln viel, sind unruhig, schreien häufig ohne ersichtlichen Grund und lassen sich eher schlecht beruhigen. Sie sind schneller erregt und können ihre eigene Aufregung schwerer steuern. Eltern sagen dann z. B.: »Wenn er die Augen aufmacht, geht es sofort los!«, und meinen damit, dass sie keine

Wenn ein Baby sehr viel mehr als andere schreit, ist das nicht die Schuld der Eltern!

Ankündigung des Schreiens erkennen können. Andere Feinzeichen ihres Befindens oder ihrer Bedürfnisse wie z. B. Hunger oder Müdigkeit sind schwerer erkennbar als bei Babys, die leichter zurechtkommen.

Welche besonderen Schwierigkeiten haben diese Babys noch? Es fehlen ihnen häufig die Erfahrungen, sich selbst zu beruhigen. Babys ohne größere Anpassungsschwierigkeiten finden eher heraus, dass sie sich teilweise selbst helfen können, indem sie z. B. den Daumen, den Finger oder die ganze Hand in den Mund stecken, um daran zu saugen. Babys, die viel mehr schreien, fällt das besonders schwer.

Die meisten Schreibabys schlafen weniger, brauchen aber ihren Schlaf genauso wie die anderen. Sie wirken oft total übermüdet und können doch nicht in den Schlaf finden. Eltern haben häufig das Gefühl, dass sich ihr Kind gegen das Einschlafen wehrt. Sie meinen, ihr Kind wolle auf keinen Fall etwas verpassen.

Viel Stress für die Eltern

Mütter oder Väter, die ihr schreiendes Baby beruhigen wollen, sind sehr erfinderisch bei der Suche nach einer geeigneten Beruhigungsmethode und probieren auch sehr viel aus. Sie nehmen ihr Kind hoch, wiegen und schaukeln es. Einigen hilft das Autofahren, aber wenn man anhält, beginnt das Theater von vorne.

Was passiert? Immer wenn die Eltern etwas in der Haltung oder der Bewegung verändern, hält ihr schreiendes Baby kurz inne, um dann doch mit unverminderter Heftigkeit nach wenigen Sekunden weiterzuschreien. Das verleitet die Eltern dazu, wieder eine neue Möglichkeit auszuprobieren, in der Hoffnung, eine ih-

Um das Baby zu beruhigen, tragen die Eltern es mal über der Schulter, mal im »Fliegergriff«; mal schaukeln sie es im Autokindersitz und mal hüpfen sie mit ihm sitzend auf dem Pezziball – meistens nur mit kurzem Erfolg.

rer vielen Ideen würde endlich zum Erfolg führen. Sie geraten damit selbst in eine angespannte Situation, in der sie sich hilflos, erschöpft und unter Umständen auch extrem wütend fühlen. Diese Anspannung überträgt sich zusätzlich auf das Kind.

Wenn das Kind wach und ruhig ist, kann es passieren, dass die erschöpften Eltern diesen Zustand gar nicht bemerken. Sie sind froh über die lang ersehnte Ruhe und räumen die Wohnung auf oder kochen sich einen Kaffee. So erleben die Eltern ihr Baby nur in Stresssituationen. Das Baby macht die Erfahrung: Nur wenn ich brülle, ist jemand für mich da, aber dann sind Mama oder Papa so sehr angespannt, dass ich mich vor ihnen fast fürchte. Die Eltern machen die Erfahrung: Mein Kind brüllt nur, und ich bin eine schlechte Mutter oder ein schlechter Vater, weil ich es nicht beruhigen kann und dabei manchmal auch noch so wütend werde.

Der gemeinsame Kontakt ist fast vollständig darauf ausgerichtet, das Schreien zu vermeiden oder das Kind mit maximalem

Entspannte Zweisamkeit, in der das Kind mit Mutter oder Vater in einen zufriedenen, vielleicht sogar fröhlichen Austausch tritt, kommt seltener oder gar nicht mehr vor.

Aufwand und wenig Erfolg zu beruhigen. Ist das Kind ruhig, begegnen ihm seine Eltern angespannt mit der bangen Erwartung der nächsten schwierigen Situation. Dies führt häufig zu einer extremen Belastung, die Eltern sind sehr erschöpft, hilflos und unglücklich. Sie trauen sich nicht raus, weil andere denken könnten, dass sie keine gute Mutter, kein guter Vater sind.

Sie glauben es fast schon selbst, besonders dann, wenn viele vermeintlich gute Ratschläge auf sie einstürmen und sie vielleicht auch noch feststellen müssen, dass sie selbst eine große Wut auf ihr Kind haben. So hatten sie sich die Zeit mit ihrem Baby nicht vorgestellt.

Was können Eltern selbst tun, und wo finden sie Hilfe?

»Gestuftes Trösten«

Wenn das Kind wieder anfängt, zu quengeln und zu schreien, ist es wichtig, nicht in schnellem Wechsel eine Beruhigungsmethode nach der anderen zu versuchen, sondern bei einer Methode zu bleiben, auch wenn das Baby sich nicht gleich beruhigen kann. Bewährt hat sich das »gestufte Trösten«, das langsam und in Ruhe erfolgt. Man lässt dem Baby Zeit, sich auf die angebotene Beruhigung einzustellen und probiert nicht mehr in kurzer Zeit zu viel aus.

Beginnt das Baby zu quengeln, versucht man zuerst, Blickkontakt herzustellen, und wartet auf eine Reaktion. Quengelt es weiter oder beginnt zu schreien, dann schaut man es an und redet mit beruhigender und monotoner Stimme auf das Baby ein. Auch wenn es anscheinend nicht gleich zum Erfolg führt, bleibt man ein bis zwei Minuten dabei.

Falls dann noch keine Reaktion vom Kind erfolgt, legt man zusätzlich seine Hand auf die Brust des Kindes und wartet auf eine Reaktion, auch wieder ein bis zwei Minuten. Anschließend nimmt man die Händchen des Babys, führt sie in der Mitte zusammen und behutsam Richtung Mund. Das ermöglicht dem Kind, seine Hände zu spüren und an ihnen zu saugen. Man spricht dabei beruhigend weiter und bleibt so nah bei ihm, dass es das Gesicht der Mutter oder des Vaters sehen kann, wenn es sich vielleicht schon ein wenig beruhigt und schaut. Das Anschauen, Sprechen und Händchenhalten sollten wieder ein bis zwei Minuten dauern. Kennt das Kind einen Nuckel als Beruhigungshilfe, dann bietet man ihn jetzt an.

Vielleicht wird das Kind jetzt ein wenig ruhiger, lauscht auf die Stimme und guckt auch kurz. Dafür braucht es Zeit. Ist das Kind noch nicht in der Lage, ruhiger zu werden, nimmt man seine Beinchen und schränkt sie in ihrer Bewegungsfreiheit ein. Anschauen und Sprechen behält man in einer beruhigenden Weise bei und lässt sich auch wieder ein bis zwei Minuten Zeit. Viele Kinder werden jetzt deutlich ruhiger. Dann gibt man die Beine wieder frei. Vielleicht benötigt das Baby diese Hilfe jetzt nicht mehr.

Lassen Sie sich mit Ihren Angeboten zum »gestuften Trösten« Zeit und warten Sie in Ruhe auf die Reaktionen des Kindes.

Ist das Baby weiter unruhig, nimmt man es auf, spricht und wartet ein wenig, dann schaukelt man es sanft und wartet wieder. Bleibt die Reaktion des Kindes immer noch aus, dann gibt man ihm vielleicht etwas zu trinken. Wenn es dann noch unruhig ist (was manchmal passieren kann, aber selten vorkommt), legt man es ganz kurz in sein Bettchen, um sich selbst zu stärken; etwas trinken und tief durchatmen. Nicht selten schläft das Kind dann doch ein. Wenn nicht, wiederholt man diesen ruhigen und langsamen Ablauf noch einmal und denkt ganz fest daran, dass jedes Baby irgendwann aufhört zu schreien und zur Ruhe kommt.

Auch wenn es zunächst schwerfällt: Das langsame, dosierte Vorgehen und das Abwarten sind wichtig. Das Baby braucht etwas Zeit, um sich auf das neue Angebot einzustellen. Der Unterschied zu den üblichen Versuchen der Eltern besteht darin, dass es keine hektischen Wechsel gibt. Immer dann, wenn das Baby ein wenig ruhiger werden kann, reduziert man die eigene Hilfe und lässt z. B. die Beine und Arme wieder los. Wird das Kind wieder unruhiger, versucht man es auf der Stufe erneut, bei der man gerade aufgehört hat.

Das »gestufte Trösten« kann dem Kind helfen, leichter in den Schlaf zu finden und damit ausgeglichener zu werden. Deshalb führt man es möglichst an Babys Schlafplatz durch und sucht für sich selbst einen rückenschonenden Platz. Meistens braucht das Kind mehrere Wiederholungen des fast vollständigen Ablaufes. Nach einiger Zeit wird es mit weniger Stufen leichter zur Ruhe kommen.

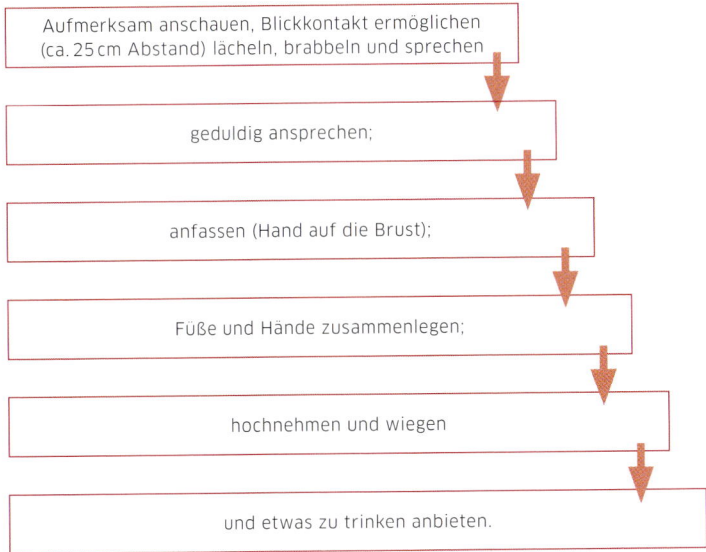

»Gestuftes Trösten«

Aufmerksam anschauen, Blickkontakt ermöglichen (ca. 25 cm Abstand) lächeln, brabbeln und sprechen

geduldig ansprechen;

anfassen (Hand auf die Brust);

Füße und Hände zusammenlegen;

hochnehmen und wiegen

und etwas zu trinken anbieten.

Wenn sich das Baby erst mal gar nicht beruhigen will und Mutter oder Vater sich schon sehr erschöpft und unsicher fühlt, dann ist es gut, eine Pause zu machen und das Baby an einem sicheren Platz kurz alleine zu lassen. Es passiert dem Baby nichts, wenn der Erwachsene für wenige Minuten das Zimmer verlässt, um neue Kraft zu schöpfen und – falls möglich – Unterstützung zu holen.

Das Schreien kann durch Schmerzen verursacht sein, und man braucht die Hilfe eines Kinderarztes. Wenn es keinen sichtbaren Grund für sein Schreien gibt und das Baby das Trösten nicht annehmen kann, dann ist es sinnvoll, eine Schreiberatung aufzusuchen.

Die ruhigen Minuten mit dem Kind verbringen

Auch wenn es Eltern mit einem »Schreibaby« aufgrund ihrer Erschöpfung und Hilflosigkeit so vorkommen mag: Kein Baby schreit rund um die Uhr. Es gibt immer Ausnahmen! Wenn das Baby wach und zufrieden ist, möchte es Kontakt mit seiner Umgebung haben. Wie schon beschrieben, sind ihm Gesicht und Stimme seiner Mutter oder seines Vaters oder auch anderer Personen am liebsten. Spielzeug braucht es erst mal nicht.

Wenn es Eltern gelingt, in diesen ruhigen Minuten ihr Baby zu beobachten, es nachzuahmen, es anzusprechen und zu berühren, dann lernen sie seine andere Seite kennen, und sie können jetzt mit ihrem Kind ein kleines Zwiegespräch beginnen – eine Art Abstimmung, die die Eltern kaum noch für möglich gehalten haben. Das wird sie entlasten. Sie können etwas auftanken für den nächsten schwierigen Moment.

Vielleicht gelingt es durch das ruhige Beobachten des Kindes allmählich besser, die ersten feinen Anzeichen für ein beginnen-

»Wenn er so lacht, dann ist alles vergessen!«

des Unbehagen zu erkennen. Durch die Beobachtung lässt sich auch herausfinden, dass bestimmte Geräusche für das Baby zu viel sind oder ein grelles Licht stört und das Ruhigwerden und Einschlafen verhindert. Manche Kinder wollen vielleicht nicht in den Arm genommen werden, sondern lieber liegen und sind womöglich mit einer ruhigen Stimme zufrieden.

Was kann man selbst tun, um wieder entspannt und gelassen zu werden, auch wenn das Kind noch einige Zeit so weiterschreien wird? Vielleicht kann die Oma oder die Freundin regelmäßig kommen, und die Eltern nutzen diese Zeit für sich, um sich zu

erholen und Kraft zu schöpfen. Oft sind es scheinbare Kleinig-
keiten im Alltag, wie Zeitung lesen, duschen gehen oder einfach
mal die Füße hochlegen, welche die erschöpften Eltern vermis-
sen und die sie zum Auftanken so sehr benötigen.

Mut zur Beratung

Ruhig und entspannt das eigene Baby beruhigen – das kann eine schwere, fast unlösbare Aufgabe sein. Besonders wenn sich
Eltern erschöpft und hilflos fühlen, wenn sie sich viel streiten
und wütend auf ihr Baby werden, sollten sie den Mut haben,
sich nach Hilfe außerhalb der Familie und des Freundeskreises
umzusehen.

Mittlerweile gibt es in Kinderkliniken, Erziehungsberatungs-
stellen, bei niedergelassenen Psychotherapeuten und ähnlichen
Einrichtungen in allen größeren und einigen kleineren Städten
Beratungsstellen für Eltern mit Babys und Kleinkindern (s. An-
hang, S. 126).

Zur Beratung für Eltern mit einem extrem viel schreienden Baby sollte immer eine kinderärztliche Untersuchung gehören. Die
eigentliche Beratung gibt zunächst den Eltern Gelegenheit, die
bisherige schwierige Zeit mit ihrem Baby zu beschreiben und
sich den Kummer von der Seele zu reden. Fragen zur Alltags-
gestaltung und Alltagsentlastung werden besprochen: Was können die Eltern für sich tun, um die nötigen Kräfte für diese Situation beizubehalten oder wiederzufinden? Woran haben sie
noch nicht gedacht? Wo brauchen sie eine Ermutigung, etwas
Neues auszuprobieren?

Manchmal wird deutlich, dass die Familie noch anderen Stress
hat, der so viel Kraft kostet, dass ein entspanntes Eingehen auf
die Bedürfnisse eines viel schreienden Babys gar nicht möglich

ist. Vielleicht ist der Vater während der Woche viel unterwegs und kann seine Frau nicht entlasten.

Oder es gibt Belastungen aus der Vergangenheit der Eltern, sie tragen häufig dazu bei, dass Irritationen im Kontakt zum eigenen Kind auftreten. Einige Eltern haben dann den Eindruck, ihr Kind lehne sie ab, könne sie nicht leiden, wolle sie für irgendetwas bestrafen oder sie andauernd ärgern. Hier können Gespräche mit einer Erziehungsberaterin erst die Voraussetzungen für die Eltern schaffen, ruhiger und gelassener auf ihr Baby einzugehen.

Die Beraterin übernimmt die Rolle einer Dolmetscherin für die Signale des Kindes.

Die Eltern erhalten Unterstützung, die Signale ihres Babys leichter erkennen und besser verstehen zu können, um ihm bei der Überwindung seiner Anpassungsschwierigkeiten zu helfen. Hierbei werden oft kurze Videoaufnahmen vom Kind und seiner Mutter oder seinem Vater beim Wickeln, beim Füttern oder beim gemeinsamen Spiel gemacht. Das mag für die Eltern ungewöhnlich sein, braucht vielleicht auch etwas Mut. Es ist aber eine sehr hilfreiche Möglichkeit der Unterstützung. In Ruhe können die Eltern sich selbst und ihrem Baby zusehen, was passiert. Mit der Beraterin können sie dann besprechen, wo es schon kurze Momente einer guten Abstimmung gegeben hat. Sie überlegen auch zusammen, was die gute Abstimmung ermöglicht hat und wie man das in den Alltag übertragen kann. Das Verstehen der Feinzeichen gehört ebenso zu solch einer Beratung. Die Beraterin hilft den Eltern außerdem, ihre Beruhigungsversuche gelassener und gezielter zu gestalten, und überlegt mit ihnen, was sie mit dem Baby in seinen ruhigen Wachzeiten tun könnten.

Zwischen den Beratungsterminen beobachten die Eltern ihr Kind zu Hause weiter, beschäftigen sich mit ihm in seinen Wachzeiten, gehen beim Beruhigen langsam und sparsam vor und sorgen für die eigene Erholung.

Wünsche an die Eltern

Das Baby hat noch keinen festen Rhythmus. Es schläft am Tage und in der Nacht. Es ist aber auch am Tage und in der Nacht kurz wach. Man kann nur schwer vorhersehen, wann es wach, hungrig oder müde sein wird.

Heute wissen wir, dass es für das Baby gut ist, in den ersten Lebenswochen und -monaten möglichst gleich zu reagieren, wenn es schreit. Gleich zu reagieren fordert jedoch viel Kraft und Anstrengung. Die Mutter, aber auch der Vater, braucht dafür Unterstützung, Verständnis und Entlastung.

Damit die eigenen Kräfte geschont werden oder auch die notwendige Erholung nicht zu kurz kommt, sollten Eltern sich helfen lassen und Kompromisse finden: Ruhen Sie sich selbst aus, wenn Ihr Baby schläft. Die Ansprüche an eine saubere Wohnung können vielleicht für eine bestimmte Zeit gelockert werden. Der Abwasch kann warten und die Wäsche bügelt die Freundin.

Schreien gehört zu meinem Leben als Baby

Ich weiß selbst nicht, warum ich manchmal so viel schreien muss. Auf jeden Fall kann es ganz verschiedene Ursachen geben.

> Nutzt die ruhigen Momente, um mich immer mal wieder im Arm zu halten. Es geht mir gut, wenn ihr mich anlächelt und mit mir freundlich redet.

> Lasst mich nicht alleine, wenn ich schreie. Kommt bitte gleich, dann fühle ich mich sicher.

> Ich will mit meinem Schreien niemanden ärgern, ich brauche wirklich Hilfe.

> Lasst uns zusammen herausfinden, was ich euch mit meinem Schreien sagen will.

> Behaltet bitte die Nerven. Wenn ihr wütend seid, geht lieber kurz aus dem Zimmer. Ihr dürft mich niemals schütteln!

> Wenn es mal nicht auszuhalten ist, lasst euch helfen – von Freunden oder von der Oma.

> Bitte ruht euch auch mal aus, am besten mit mir zusammen, wenn ich schlafe.

> Es wird auch wieder leichter.

Erkundungen in die nähere Umgebung

Mit etwa vier Monaten beginnen die Kinder, die Bewegungen der Hand mit den Augen zu kontrollieren. Nun können sie selbstständig ihre Hände und Füße erkunden.

Das erste Vierteljahr
– Rückblick und Ausblick

Beschreiben wir das erste Vierteljahr noch einmal mit Blick auf die wichtigsten Entwicklungsschritte des Kindes: Lernen, Schlafen und Trinken, das sind seine Hauptbeschäftigungen. Die Wachzeiten sind noch kurz und kosten viel Kraft. In diesen kurzen Momenten wacher Aufmerksamkeit betrachtet das Baby neugierig seine Umgebung und eben besonders seine Mutter oder seinen Vater.

Nicht immer wird es dem Baby gelingen, ruhig vom Schlafen zum Wachen, vom Trinken zum Schlafen oder vom Wachsein zum Schlafen zu gelangen. Und so gehören auch Momente von Quengeln und Schreien zum Alltag mit einem Baby. Wie schon häufig betont, sind die Kinder dabei sehr unterschiedlich. Etwa Mitte oder Ende des zweiten Monats beginnt das Kind, direkt die Mutter oder den Vater anzulächeln, wenn diese sich dem Kind zeigen. Das kann wie eine Wiedergutmachung schwieriger Momente und wie eine Aufforderung empfunden werden, das Zwiegespräch mit dem Baby zu intensiveren. Dies wiederum hilft dem Baby, länger wach zu bleiben und seine Ausdauer für diese behaglichen Momente zu verlängern.

Ein wunderbarer Moment für die Eltern: Jetzt lächelt mich mein Baby zum ersten Mal direkt an.

Am Ende des ersten Vierteljahres finden sich die allermeisten Babys gut zurecht. Sie haben aufgrund des häufigen Kontaktes mit ihren Eltern beim Füttern, Wickeln, Beschäftigen, Schaukeln und Herumgetragenwerden ihre ganz individuellen Eltern und deren Vorlieben kennengelernt. Ein körperlicher Reifungsschub unterstützt das Baby in dieser Zeit außerdem in der Ausbildung eines gleichmäßigeren Schlaf-wach-Rhythmus. Die Eltern können daher auch etwas zuverlässiger vorhersagen, wann es schlafen wird, wann es Hunger hat oder zu einem kleinen Gespräch bereit ist. Natürlich klappt das nicht immer und natürlich sind die Kinder recht unterschiedlich.

Das Baby und seine Eltern kennen sich jetzt recht gut. Ihre Abstimmung funktioniert bis auf das eine oder andere kleine Missverständnis zuverlässig. Das Baby fühlt sich meistens wohl, denn es kann die Reaktionen seiner Eltern einschätzen und mit steuern. Die Eltern kennen ihr Kind, seinen Rhythmus, seine Vorlieben und seine Abneigungen. Sie fühlen sich meistens sicher und gelassen und können die Zeit mit ihrem Baby genießen.

Welche Entdeckungen, welche Entwicklungsschritte wird das Baby wohl jetzt machen? Ein großer Fortschritt: Das Baby kann seine Augen-, Hand- und Mundbewegungen besser aufeinander

Wenn das erste Vierteljahr geschafft ist, beginnen für die meisten Babys und ihre Eltern vergleichsweise ruhige Wochen.

Das Baby kann seine Augen-, Hand- und Mundbewegungen besser aufeinander abstimmen. Jetzt kann es alle möglichen Gegenstände selbst halten und untersuchen.

abstimmen. Damit verstärkt sich die Neugier an Dingen in seiner näheren Umgebung erheblich. Jetzt ist es an der Zeit, ihm Gegenstände anzubieten, die so klein sind, dass es sie mit seinem Händchen gut halten kann, aber so groß, dass es sie nicht verschluckt.

Entdeckungen mit Augen, Mund und Händen

In dem Maße, wie es seine Hände gezielter einsetzen und mit den Augen Gegenstände besser fixieren kann, wächst seine Neugier an seiner Umgebung. Mit seinen Augen, seinen Händen und seinem Mund möchte es jetzt entdecken, was es an Interessantem neben dem Gesicht und der Stimme der Eltern noch gibt.

Gibt man Babys zu einem früheren Zeitpunkt Spielzeug, sind sie in der Regel überfordert, da sie es nicht festhalten, loslassen und untersuchen können. Erst eine verbesserte Abstimmung zwischen dem, was die Augen gut sehen und die Hände festhalten können, erlaubt den Kindern eine selbstständige Erkundung von Füßen, Händen und eben auch dem Spielzeug. Sie beschäftigen sich neugierig und ausdauernd mit ihren Händen, Füßen und greifbaren Gegenständen. Jetzt sind die Babys eher bereit, für einige Zeit alleine zu spielen. Sie untersuchen jetzt viel mehr mit den Händen, aber der Mund ist immer noch ein wichtiger Helfer beim Erkunden von neuem Spielzeug. Am besten geht es mit Mund und Händen zusammen.

Die Kinder orientieren sich weiter an den Gesichtern und den Stimmen der ihnen nun schon sehr vertrauten Familienmitglieder. Außerdem ist der sprachliche Austausch für Babys überaus interessant. Sie entdecken, dass sie die stimmlichen Angebote der Eltern durch ihr »Mitreden« variieren und mitgestalten können. Spielzeug kann das nicht.

Die Stimme hilft zudem, etwas über die Gefühle des Gegenübers zu erfahren, was wiederum bedeutsam für die eigene Gefühlsentwicklung ist. Und die Kinder machen in diesem Alter noch eine interessante Entdeckung. Ein Spielzeug oder ein Gegenstand, der ihre Neugier erweckt, wird von ihnen ausgiebig betrachtet. Dann wechseln sie die Blickrichtung. Sie schauen ihre Mutter oder ihren Vater an und dann wieder auf den Gegenstand. Das wiederholen sie ein paarmal. Endlich bemerkt es der Erwachsene und folgt dem Blick des Kindes. Und er versteht, was das Kind möchte: diesen Gegenstand, den es selbst noch nicht ergreifen kann, weil er außerhalb seiner Reichweite liegt. Noch kann Ihr Baby ja nicht selbst dorthinkrabbeln und braucht Ihre Hilfe. Seine Neugier ist eher da als seine Fähigkeit, selbst dorthinzugelangen.

Sie bleiben die bevorzugten »Mitspieler«, weil Sie Rücksicht auf das Befinden Ihres Kindes nehmen. Das kann kein anderes Spielzeug.

Wenn Sie und Ihr Baby dieses Spiel von Hingucken und Bekommen ein paarmal gespielt haben, entdeckt Ihr Baby noch etwas sehr Wichtiges: Es stellt fest, dass es mit seinem eigenen Blickverhalten das Blickverhalten seines Gegenübers beeinflussen kann, dass beide ihre Aufmerksamkeit gemeinsam auf das Gleiche lenken und dass der andere dies als eine Aufforderung zum Helfen versteht.

Vom Liegen zum Krabbeln

Beobachten wir ein Kind bei seinen ersten Versuchen, sich zu drehen. Es liegt auf dem Rücken und hebt die Beine an. Dabei kippt es auf die Seite. Jetzt muss es noch einen Arm nach oben strecken, um dann mit etwas Schwung auf den Bauch zu gelangen. Wahrscheinlich ist es beim ersten erfolgreichen Drehen sehr erstaunt über das veränderte Aussehen seiner Umgebung. Solange die Kraft reicht, wird es das wieder und wieder probieren. So findet es allmählich heraus, dass die Umgebung dieselbe bleibt, obwohl sie vor und nach dem Drehen ganz anders aussieht. Die Drehung zurück in die Rückenlage geht viel leichter und strengt auch weniger an.

In der Bauchlage versuchen die Kinder, den Kopf anzuheben, sich mit den Armen hochzustemmen und mit den Beinen zu strampeln. Sie entdecken, dass sie mit den Unterschenkeln auf den Boden schlagen können, und erfreuen sich an den selbst erzeugten Geräuschen. Auf Dauer ist die Bauchlage sehr anstren-

Einige Kinder drehen sich vom Rücken auf den Bauch und kommen so vorwärts – andere rutschen sogar im Kreis, um an ein Spielzeug zu gelangen, das sich in der Nähe befindet.

gend und das, was man gerne haben will, ist immer noch weit weg. Einige Kinder perfektionieren das Drehen vom Rücken auf den Bauch, wieder auf den Rücken und wieder auf den Bauch. Sie sind nach einiger Zeit so geschickt dabei, dass sie dahin kommen, wohin sie wollen.

Legen Sie sich doch dann einmal mit auf die Decke und zeigen dem Kind, dass Sie sich auch freuen. Bei diesen »Drehübungen« entstehen gute Gelegenheiten, sich miteinander über eine gute Abstimmung auszutauschen: »Hilf mir doch bitte ein bisschen, aber nicht zu viel. Siehst du, wie ich mich anstrenge? Bitte dränge mich nicht zu Bewegungen, die ich noch nicht kann. Ich will erst mal das Drehen ausprobieren, bis es zuverlässig funktioniert. Dann bin ich für etwas Neues bereit.«

Wie und wann die Kinder in die Drehung kommen, ist wieder sehr unterschiedlich. Das kann sehr plötzlich passieren, und wenn sie das einmal beherrschen, sind die Kinder in ihren Drehbewegungen erstaunlich schnell.

In der Zeit des Drehens beginnt das Kind, zielsicher zu greifen. Bis dahin hat es seine Hände immer mal wieder ausgiebig betrachtet und damit schon ausführlich kennengelernt. Oft hat es seine Hände in den Mund genommen, meistens zur Beruhigung, immer öfter auch, um sie mit den Lippen und der Zunge zu befühlen. Beide Hände haben sich oft berührt, wenn sie sich beim Selbstberuhigen gefunden haben. Sie machen sich sozusagen miteinander bekannt und stimmen ihre Bewegungen aufeinander ab.

Wenn das Kind jetzt etwas Interessantes sieht, dann nähern sich beide Hände diesem Gegenstand und packen zu. Manches Spielzeug lässt sich gut halten, anderes ist noch viel zu groß. Am bes-

Jetzt heißt es, achtsam zu sein und das Drehen vorauszuahnen, damit dem Kind nichts passieren kann. Das Baby darf nicht alleine auf dem Wickeltisch, dem Sofa oder einer anderen Stelle liegen. Am besten bleiben Sie immer in Reichweite, wenn das Baby irgendwo liegt, wo es herunter- oder herausfallen könnte.

ten gelingt es mit den Fingern von Mutter oder Vater. Mit denen kann man wunderbar spielen. Sie sind weich und lassen sich gut umfassen, und Mutter oder Vater spielen ja dann auch ein bisschen mit, sie sagen oder singen etwas dabei und machen ein freundliches Gesicht.

Natürlich geht es auch mal alleine. Erst mit beiden Händen und etwa ab dem sechsten oder siebenten Monat auch mit einer Hand. Nun wird es möglich, dass ein Gegenstand von einer Hand in die andere wechselt. Das braucht noch etwas Übung, denn am Anfang dieser neuen Fähigkeit kann es passieren, dass das Kind die leere Hand weit öffnet, um ein zweites Spielzeug zu ergreifen. Da beide Hände noch nicht ganz getrennt voneinander funktionieren, öffnet sich die Hand mit dem Spielzeug auch und das mühsam Ergriffene fällt runter.

Je mehr Erfahrungen das Kind mit seinen Fingern machen kann, desto neugieriger wird es auf die Gegenstände rundherum.

Ein herunterfallendes Spielzeug gibt einen Ton von sich, und so ist die Aufmerksamkeit des Kindes wieder gefesselt. Mit zunehmender Geschicklichkeit versucht es herauszufinden, was man alles mit einem Spielzeug anstellen kann. Wie klingt es wohl, wenn ich Gegenstände aneinanderschlage oder auf die Erde werfe? Fühlt es sich unterschiedlich an, wenn ich es mal von dieser und dann wieder von der anderen Seite anfasse und untersuche? Es gibt so viel zu entdecken!

Dabei üben die Kinder spielerisch, wie man zufasst, und die Genauigkeit ihrer Handbewegungen verbessert sich. Sie haben großen Spaß daran, kleine und große Gegenstände aufzuheben. Aber das Loslassen ist noch schwer. Wie behelfen sich die Kinder? Sie machen einfach heftige Arm- und Handbewegungen, um das Aufgehobene »wegzuschütteln«. Es ist also keine Zerstörungswut, sondern eine vorläufige Lösung des Problems, etwas loszuwerden. Das gezielte Loslassen eines Gegenstandes funktioniert erst nach dem ersten Geburtstag.

Das gezielte Loslassen eines Gegenstandes funktioniert erst nach dem ersten Geburtstag.

Entdecker brauchen Schlaf – manche mehr, manche weniger

Das Baby muss erst allmählich lernen, mehrere Stunden zusammenhängend zu schlafen. In den ersten Tagen und Wochen klappt das noch nicht so gut. Das muss auch so sein, weil das ganz kleine Baby häufig gestillt wird oder die Flasche bekommt; es kann nämlich noch nicht so viel auf einmal trinken und bekommt daher schneller wieder Hunger.

Außerdem geht es dem Baby genauso wie dem Erwachsenen. Es wechselt mehrmals vom flachen zum tiefen Schlaf. Der kleine wie der große Mensch besitzt ein inneres Alarmsystem, durch das man leichter wach werden und überprüfen kann, ob alles in Ordnung ist oder eine Gefahr besteht. Im Alltag kennt man die

Situation, dass man durch ungewöhnliche Geräusche geweckt wird. Wenn es dafür keine sinnvolle Erklärung gibt bzw. es zu laut ist, kann man nicht gleich wieder einschlafen.

Schlafen ist gar nicht so einfach

Im Verlaufe der ersten Monate schaffen es die Babys immer besser, mehrere Stunden durchzuschlafen. Durchschlafen heißt in der Regel ungefähr sechs Stunden, in denen das Baby durchaus auch mal aufwacht, aber ohne Hilfe und unbemerkt von den Eltern selbst wieder in den Schlaf findet. Wenn die Kinder wach werden, benötigen sie allmählich weniger Hilfen und lernen, alleine weiterzuschlafen, indem sie ihre Schlafposition wechseln oder den Daumen, das Schmusetuch oder den Nuckel in den Mund nehmen.

Durchschlafen bedeutet in diesem Alter noch keine feste Zeit, z. B. von abends um sieben bis morgens um sieben Uhr.

Wie in allen Bereichen sind auch hier große Unterschiede bei den Kindern festzustellen – sowohl hinsichtlich der Gesamtschlafzeit als auch der Anzahl der Wochen, die die Kinder benötigen,

Nach einigen Monaten wird das Baby sich dann und wann schon selbst beruhigen und wieder in den Schlaf finden.

um für mehrere Stunden durchzuschlafen. Von Anfang an gibt es Viel- und Wenigschläfer. Sicherlich machen sich die Eltern der Vielschläfer weniger Gedanken als die der Wenigschläfer. Der Unterschied beträgt bis zu fünf Stunden! Das zu wissen kann schon sehr entlasten.

Gerade das Schlafen ist ein beliebtes Thema unter Müttern und Vätern. Sie wünschen sich sehr, dass das eigene Kind bald länger durchschlafen kann, weil das häufige nächtliche Aufwachen viel Kraft kostet. Sie beneiden andere, deren Kinder schon durchschlafen. Vielleicht wird bei diesem Thema auch manchmal etwas geflunkert, weil Eltern befürchten, etwas falsch zu machen.

Schlafen ist etwas, was das Baby nur selbst tun kann. Zum Schlafen gehören gewisse Reifungsschritte in der Entwicklung. Babys merken sich allmählich, dass es Unterschiede zwischen Tag und Nacht gibt: Abends wird es in der Wohnung stiller und dunkel. Die Eltern und Geschwister verhalten sich anders. Vielleicht gibt es ein Wiegen- oder Gutenachtlied, und das Baby liegt dort, wo es immer schläft. Wiederkehrende Abläufe und kleine Rituale helfen dem Baby, sich dem Schlaf zu überlassen.

Wenn mein Baby fünf Stunden weniger als das meiner Freundin schläft, ist das völlig normal.

Hilfen, um in den Schlaf zu finden

Geduld, Zuversicht und Gelassenheit, dass Ihr Kind den Schlaf finden wird, den es braucht: Das sind große Worte, und natürlich gelingt es nicht immer, geduldig, gelassen und zuversichtlich zu sein. Versuchen wir es etwas praktischer. Es wäre gut, die Vorbereitungen zum Schlafen in immer gleicher oder sehr ähnlicher Art und Weise ablaufen zu lassen. Entscheiden Sie sich möglichst für einen Schlafplatz. Babys, die im Bett der Eltern einschlafen und dann in ihr eigenes Bett getragen werden, können irritiert sein, wenn sie beim ersten Aufwachen feststellen, dass die Umgebung jetzt eine andere ist. Wahrscheinlich werden sie dann nicht einfach weiterschlafen, sondern sich bemerkbar machen.

Für die meisten Babys wird es am einfachsten sein, sie schlafen in den ersten Lebensmonaten in der Nähe der Eltern. Für das nächtliche Stillen oder Flaschegeben sind die Wege kürzer. Mütter von gestillten Babys wachen häufig wenige Sekunden, bevor das Kind sich meldet, selbst auf, und so gerät das Baby nicht unnötig in große Unruhe. Baby und Mutter können schneller wieder einschlafen, und am nächsten Morgen weiß die Mutter manchmal gar nicht mehr so genau, wie oft das Kind etwas zu trinken wollte und wie lange das gedauert hat.

In den letzten Jahren gibt es viel Aufregung um die Frage, wo das Baby schlafen darf und in welcher Position. Eltern wird nachdrücklich empfohlen, ihr Baby von Beginn an in seinem Bett schlafen zu lassen und es dabei auf den Rücken zu legen. Hintergrund dieser sehr massiv vorgetragenen Empfehlung ist die Sorge um den plötzlichen Kindstod. Negative Folgen dieser Diskussion sind eine Überforderung des Kindes beim Schlafenlernen und die große Angst der Eltern.

Bei konsequenter Vermeidung von Risiken durch Rauchen und Überwärmung kann auch der Schlafplatz im Bett der Eltern ein sicherer Ort für das Kind sein.

Die Erwachsenen dürfen natürlich keine Drogen, Alkohol oder extrem müde machenden Medikamente zu sich nehmen. Sie brauchen ein gewisses Vertrauen in sich selbst und eine relative Sicherheit und Gelassenheit, dass sie auch im Schlaf eine feine Antenne für ihr Kind haben werden. Untersuchungen zeigen, dass das gerade bei gestillten Kindern besonders gut funktioniert. Stillende Mütter bemerken viel zuverlässiger, wenn wirklich mal etwas mit ihrem Kind nicht stimmen sollte.

Es gibt auch gute Gründe dafür, dass manche Familien ihr Baby in seinem eigenen Bett schlafen lassen wollen. Das kann dann eben doch die Sorge sein, nicht aufmerksam genug für das Baby zu sein, wenn es mit im Bett der Eltern schläft. Oder Vater und Mutter fühlen sich durch das Baby gestört. Wichtig beim Thema Schlafen scheint zu sein, dass alle Familienmitglieder zur Ruhe kommen können und den Schlaf, den sie benötigen, auch finden. Und dazu braucht es gute Kompromisse.

Wenn's mal schwer wird, weil ich noch nicht durchschlafe

Manche Babys haben vielleicht schon einmal durchgeschlafen, wachen dann im Alter von etwa sieben oder acht Monaten wieder häufiger auf und fordern mehr Unterstützung ein. Diese Veränderung tritt genau dann auf, wenn das Baby sich selbst fortbewegen kann und entdeckt, dass es plötzlich alleine und überfordert ist. Mit lautem Schreien macht es auf diese missliche Situation aufmerksam. Für eine Übergangszeit fällt es ihm nun schwerer, auch nachts die Trennung zu akzeptieren. Einfacher wird es, wenn das Kind noch im elterlichen Schlafzimmer schlafen kann.

Wenn für die Familie die bessere Lösung darin besteht, dass das Kind in seinem Zimmer schläft, dann ist es wichtig, ihm während der wachen Zeiten am Tage viel Sicherheit zu geben und mit stets wiederkehrenden Ritualen die abendliche Trennung zu erleichtern. Das Baby braucht Eltern, die ihm gelassen und klar signalisieren können, dass alles in Ordnung ist und sie für das Kind erreichbar sind.

Zu diesem Zeitpunkt ist es für die Kinder besonders schwierig, den Wechsel vom Elternbett oder Elternschlafzimmer ins eigene Bett im eigenen Zimmer zu meistern. Man verschiebt ihn dann lieber auf später, wenn die größten Trennungsängste überwunden sind.

Sorgen und Ängste der Eltern

Bestimmte Entwicklungsschritte des Kindes können also ein Grund für bestehende Schlafschwierigkeiten sein. Da benötigen Sie Geduld, Zuversicht und Verständnis für die Aufregungen Ihres Kindes.

Der andere Grund findet sich bei den Eltern selbst. Wenn sie sehr unsicher über den »richtigen Weg« rund ums Schlafen sind, ihr eigenes Handeln immer wieder infrage stellen und sich sehr wechselhaft verhalten, dann übernimmt das Kind diese Verunsicherung. Das Baby kann nur schwer einschlafen oder wird häufig in der Nacht wieder wach, als ob es damit sagt: »Mama und Papa, ich bin munter. Macht euch keine Sorgen um mich, ich bin gesund.« Nur leider sind jetzt alle wach.

Das Baby spürt Verunsicherungen seiner Eltern und kann nicht einschlafen.

Eine weitere häufige Verunsicherung kann entstehen, wenn die Eltern irgendwann im ersten Lebensjahr beschließen, dass ihr Baby jetzt allein in seinem Bett schneller einschlafen kann. Sie nehmen es sich also fest vor, diesen Schritt zu schaffen. Das Kind bemerkt jedoch vielleicht an der Stimme der Eltern oder an ihrem Verhalten, dass es ihnen doch leidtut, ihr Kind nun alleine schlafen zu lassen, und sie selbst noch gar nicht für diesen Schritt bereit sind. Das Kind reagiert auf diese widersprüchliche Botschaft dadurch, dass es lautstark seine alten Gewohnheiten wieder einfordert.

Ein erster Schritt der Eltern könnte sein, sich über die eigenen Unsicherheiten und Widersprüchlichkeiten klar zu werden und sich dann zu fragen, ob jetzt für alle Beteiligten wirklich der richtige Zeitpunkt gekommen ist. Dann gibt es zwei Möglichkei-

Mit Geduld, Zuversicht, kleinen Hilfen und wiederkehrenden Ritualen wird das Baby allmählich leichter in den Schlaf finden.

ten: diesen Schritt verschieben oder herausfinden, wie man dem Kind mit mehr Eindeutigkeit und Klarheit zeigt, was man ihm zutraut und von ihm möchte.

Wenn es in der Familie sehr laut zugeht, sich Eltern vielleicht häufig streiten, nehmen Babys die angespannte Atmosphäre wahr und bekommen Angst. Auch übermäßiger Stress der Eltern kann das Kind am erholsamen Schlaf hindern. Der laute Fernseher kann ebenfalls stören.

Ehe hier die Nerven blank liegen und allen die nötige Ruhe fehlt, sollte rechtzeitig Hilfe gesucht werden. Das können Freunde sein, die mal den Haushalt oder das Kind abnehmen, damit sich die Eltern etwas erholen können, aber auch Fachleute, die dabei helfen, mehr Sicherheit für den Weg zur nächtlichen Ruhe zu finden, der zu dieser Familie passt.

Mut zur Beratung

Erschöpfte, unsichere Eltern finden in der Beratung ähnliche Möglichkeiten wie die für »Schreibabys« bereits beschriebenen. Über das Problem sprechen und gemeinsam nach dem passenden Weg für die Familie suchen, das werden Themen in der Beratung sein.

Eine fachliche Beratung scheint immer dann besonders geeignet zu sein, wenn die Eltern den Eindruck haben, sie möchten gerne eine Veränderung herbeiführen, aber es gelingt ihnen nicht, und sie wissen nicht so genau, warum das so ist.

Wünsche an die Eltern

Zwischen dem vierten und achten Monat kann sich Ihr Baby besser auf wiederkehrende Abfolgen im Tagesablauf und den Alltagsrhythmus seiner Familie einstellen und auch mal für einen kurzen Moment warten. Damit ihm das gelingt, braucht es Eltern, die sich in etwa fast immer gleich verhalten und von der Richtigkeit ihres Handelns überzeugt sind. Ständige Selbstzweifel des Erwachsenen verunsichern die Kinder.

Eltern mit sicherem Auftreten geben ihrem Baby auch beim Einschlafen Sicherheit.

Solange sich Ihr Kind noch nicht selbstständig fortbewegen kann, ist es darauf angewiesen, dass Sie seine Entdeckungslust mit interessanten Gegenständen befriedigen. Dabei benötigen Sie gar nicht so viel unterschiedliches Material, wie die Spielzeugindustrie uns weismachen will. Die Entdeckungslust des Kindes ist noch auf einen kleinen Kreis beschränkt. Es ist mit einfachen Alltagsgegenständen zufrieden, die es mal alleine und mal mit Ihnen zusammen ausführlich und in Ruhe betrachten und in den Mund nehmen kann, oder ausprobieren kann, was sich sonst noch damit anstellen lässt.

Für viele Babys kann es eine Überforderung sein, wenn sie im Tragerucksack oder im Kinderwagen so hingesetzt werden, dass sie in die Umgebung gucken. Sie sind den vielfältigen auf sie einstürmenden Reizen ausgeliefert und können nicht durch rückversichernde Blicke bei der Mutter oder dem Vater auftanken, um die vielen neuen Eindrücke zu verarbeiten.

Das Baby entscheidet besser selbst, wie viel es verkraften kann, wenn es sich alleine fortbewegen kann. Wird es von den Eltern in eine aufregende Position gesetzt, die es selbst noch nicht verändern kann, macht es vielleicht durch Unruhe und Quengeln auf seine Überforderung aufmerksam.

So manches Baby reagiert mit vermehrtem Schreien, schlechtem Schlaf und gestörtem Tag-Nacht-Rhythmus, wenn ihm etwas zu viel wird. Es braucht eigentlich noch nicht so viele Ausflüge oder größere Reisen. Es profitiert nur davon, wenn eine Reise den Eltern guttut und nicht mit übermäßigem Stress für die ganze Familie endet.

Welche Wünsche hat Leon?

»Ich lerne, was ich alles mit den Händen machen kann. Ich stecke meine Hände und Gegenstände in den Mund. Bitte nehmt mir meine Hände oder das Spielzeug nicht wieder aus dem Mund. Mit meinem Mund finde ich nämlich viele wichtige Dinge heraus, noch viel besser als mit meinen Händen. Die Finger machen noch nicht so mit, wie ich das möchte.

Mit einiger Übung gelingt es aber dann doch allmählich besser: Ich kann etwas halten und wieder loslassen und wieder in die Hand nehmen, ich kann einen Gegenstand von einer Hand in die andere nehmen. Ich freue mich, wenn ihr das seht und mir davon erzählt.

Ich lache, weil ich mich wohlfühle und weil ihr dann auch lacht, ich bewege mich, um eure Aufmerksamkeit zu erlangen.

Ich erfahre, wie ich euch ohne Worte erzählen kann, wie es mir geht und was ich brauche. Ich teile euch mit meinem Gesichtsausdruck und meinen Gesten etwas über mich mit. Ich schreie und weine und mache unterschiedliche Gesichter, um euch zu sagen, dass ich schläfrig, hungrig, nass, erschrocken bin, mich nicht wohlfühle oder eine Pause brauche.

Ich bin auch gerne mit euch draußen. Da gibt es so viel zu hören, zu sehen, zu riechen und zu fühlen. Ich muss euch im Blick behalten können, damit ihr mich ermutigen oder beruhigen könnt, wenn ich das alles sehr aufregend finde und nicht genau weiß, ob ich das jetzt kennenlernen will oder lieber eine Pause brauche. Eure Mimik und eure Stimmen sind wie ein Akku für mich. Ich brauche sie zum Aufladen.«

Das kann ich schon, und da brauche ich Hilfe

> Was ich sehen kann, möchte ich festhalten und in den Mund stecken. Mit Mutter oder Vater spiele ich immer noch am liebsten. Wo ich hingucke und wie ich brabble, sagt auch etwas über meine Wünsche.

> Ich kann mich drehen. Ich benutze meine Hände und meinen Mund. Ich freue mich über Hilfe, aber lasst mir Zeit für meine Entdeckungen. Ich möchte selbst herausfinden, wie ich mich bewegen kann. Passt auf, dass mir nichts passiert.

> In den ersten sechs Monaten wache ich noch mehrere Male in der Nacht auf. Ich lerne erst allmählich, mehrere Stunden zusammenhängend zu schlafen. Habt Geduld mit mir und ruht euch aus, wenn ich schlafe.

> Ich würde gerne bei euch schlafen. Wenn es aus bestimmten Gründen nicht geht, dann helft mir, sicher und beruhigt alleine schlafen zu können. Ich brauche eure Zuversicht, dass Schlafen etwas Schönes ist und wir herausfinden werden, wie wir uns alle gut erholen können. Lasst euch helfen, wenn eure Zuversicht verloren geht.

Erkundungen in die fernere Umgebung

Der Radius der Erkundungen wird mit dem Beginn des Krabbelns viel größer werden, von einer Ecke des Zimmers in die nächste, von einem Raum in den anderen ...

Endlich kann ich loskrabbeln

Der Beginn des nächsten Entwicklungsabschnittes ist aufgrund der großen Unterschiede im Entwicklungstempo der Kinder nicht so genau zu datieren. Auf jeden Fall werden Sie noch einmal eine sehr aufregende Zeit erleben, wenn das Baby entdeckt, wie es sich fortbewegen kann.

Zwischen dem achten und zehnten Monat beginnen die meisten Kinder zu krabbeln, zu kriechen oder sich in einer anderen Weise fortzubewegen. Einige Kinder entwickeln ganz eigenartige Fortbewegungsarten, rutschen z. B. auf dem Hosenboden oder rollen sich vorwärts und rückwärts. Ganz wenige probieren es sogar aus der Rückenlage, indem sie eine Brücke bilden und sich mit den Beinen abstoßen. Nach kurzer Zeit entdecken sie jedoch, wie sie bequemer und schneller an die ersehnten Gegenstände herankommen. Auch der Zeitraum, in welchem die Kinder ihre Fähigkeiten zur Fortbewegung entwickeln, kann sehr unterschiedlich sein. Einige kriechen bereits mit sechs oder sieben Monaten, andere lassen sich bis zu zwölf Monaten Zeit.

Zunächst sind sie ganz gefangen vom Probieren: »Wie geht das mit dem Po? Wenn ich den hochstemme und noch eine Hand vom Boden hebe, verliere ich das Gleichgewicht. Also noch mal. Aber rückwärts wollte ich doch gar nicht. Es geht irgendwie einfacher, aber dann rückt ja der Baustein so weit weg. Da wollte ich doch hin. Wie geht es bloß vorwärts? Das muss ich noch herausfinden.«

Einige Kinder werden wütend, wenn sie beim Rückwärtskrabbeln nicht an den gewünschten Gegenstand herankommen. Man kann ihnen helfen, indem man ihnen an den Füßen etwas Halt gibt. Und dann geht es mit dem Loskrabbeln bald viel besser.

Vielleicht ist Ihr Baby jetzt besser gelaunt als zu der Zeit, als es noch nicht krabbeln konnte. Bevor Babys dazu in der Lage sind, erleben sie oft einen Widerspruch zwischen dem, was sie interessiert, und der Begrenzung ihrer eigenen Bewegungsfähigkeit. Sie können uns nicht immer so genau mitteilen, was sie möchten, und sind dann frustriert, was sie deutlich mitteilen. Selber krabbeln ist wie eine Befreiung von dieser Begrenzung. Die gute Laune kommt zurück, und das motiviert Ihr Kind, sich weiter anzustrengen.

Mit dem Krabbeln entwickelt das Kind etwa im gleichen Zeitraum die Fähigkeit zum freien Sitzen. Dabei hilft ihm die Kraft, die es durch das Krabbeln gewonnen hat, den immer noch recht schweren Kopf auszubalancieren.

Viele Kinder kennen wahrscheinlich schon die Erfahrung, hingesetzt worden zu sein. Wichtig scheint dabei zu sein, mit dem Hochziehen in den Sitz nicht zu früh zu beginnen. Manche Eltern glauben, wenn ihr Baby die Arme ausstreckt, möchte es hingesetzt werden. Beim Hochziehen hat es dann oft Mühe, den Kopf zu halten. Lassen wir den Kindern also die Zeit, über das Drehen und Krabbeln selbst zum Sitzen zu kommen. Es kennt am besten den richtigen Zeitpunkt. Und hier wie überhaupt bei allen Entwicklungsschritten trifft zu: »Gras, an dem man zieht, wächst auch nicht schneller.«

Wenn es dann einigermaßen stabil sitzen kann, hat das Kind weitere Möglichkeiten, seine Welt zu entdecken. Es kann sich einen besseren Überblick über seine Umgebung verschaffen als im Liegen. Manchmal fällt es um und setzt sich selbst wieder auf. Sitzt es in einem Hochstuhl, muss es sich geradezu wie auf einem Aussichtsturm vorkommen, von dem es genau beobachtet, was z. B. die Mutter gerade in der Küche macht.

Auch in dieser aufregenden Zeit brauchen die Kinder noch das sichere Gefühl, dass ein vertrauter Erwachsener in der Nähe und notfalls erreichbar ist.

Und noch etwas Wichtiges. Das Kind hat auf seinem Hochstuhl die Hände frei und alles, was wir schon über das Greifen beschrieben haben, geht jetzt noch viel besser. Jetzt kann es erneut anstrengend werden, weil das Kind Gegenstände, die es selbst ergriffen oder von der Mutter bekommen hat, mit viel Spaß und Ausdauer auf den Boden wirft. Es möchte, wie gesagt, Mutter oder Vater nicht ärgern. Vielmehr erforscht es systematisch wie ein Wissenschaftler die unterschiedlichen Möglichkeiten, Dinge zu Boden fallen zu lassen.

Natürlich können die Eltern festlegen, mit welchen Gegenständen das Kind experimentieren darf und mit welchen nicht. Eine willkommene Hilfe sind Geschwisterkinder. Sie haben oft, wenn auch nicht so zuverlässig, mehr Ausdauer und Spaß dabei, ihrem kleinen Brüderchen oder Schwesterchen beim Forschen zu helfen. Und dann fühlt sich auch die gestresste Mutter oder der genervte Vater wieder etwas besser, wenn die beiden Kinder dabei herzhaft lachen.

Wie klingt der Baustein, wenn er auf dem Fußboden landet? Macht es einen Unterschied, wenn ich ihn mit Schwung vom Tisch fege oder gezielt von oben nach unten fallen lasse?

Bei seinen Entdeckungstouren braucht das Baby die Eltern, um die unterschiedlichsten Bewegungen unter ihrem Schutz auszuprobieren.

Die zeitlichen Unterschiede im Entwicklungstempo der Kinder beim Drehen, Sitzen und Krabbeln sind immer wieder erstaunlich. Noch größere Unterschiede gibt es beim freien Gehen. Ganz schnelle Kinder gehen bereits mit acht bis neun Monaten, andere warten manchmal bis zum zwanzigsten Monat. Die meisten probieren ihre ersten, noch wackligen Schritte zwischen dem dreizehnten und vierzehnten Monat aus.

Es hilft nichts, das Baby zum Sitzen hochzuziehen oder Kinder hinzustellen, bevor sie sich nicht selbst hochziehen. Folgt man den Impulsen des Kindes, so wird es später beim Laufen, Springen und Herumtollen in seinen Bewegungen sicherer sein und die wackligen Momente besser ausbalancieren können.

Wenn Ihr Baby jetzt beginnt, sich auch hochzuziehen, hält es sich an allem fest, was einigermaßen Halt verspricht. Es wird Ihre Hand ergreifen und Ihnen damit zeigen, dass es ein paar Schritte machen möchte. Sich an einer Hand festzuhalten ist jedoch noch schwierig, besser sind Ihre beiden Hände, und dann geht's los.

In dieser Zeit entdecken die Kinder auch Bordsteinkanten und Treppen. Sie lieben es, rauf- und runterzuklettern und hoch- und runterzukrabbeln. Die Eltern werden die Herausforderung erleben, das Kind zu begleiten und nicht mit der eigenen Angst zu behindern, es zu schützen und ihm zu helfen; nicht zu viel und nicht zu wenig. Beide sammeln dabei wieder wichtige Erfahrungen über ihre gegenseitige Abstimmung.

Entwicklungsprozesse kann man nicht durch Üben beschleunigen, weil sie überwiegend durch innere Reifungsprozesse gesteuert werden.

Das Laufenlernen kann für einige Kinder so aufregend sein, dass sie in anderen Bereichen ihrer Entwicklung eine kleine Pause machen. Das betrifft meistens die Sprache. Offensichtlich kosten diese Entdeckung, selbst laufen zu können, und das häufige Üben viel Kraft, die dann woanders fehlt. Wenn Ihr Kind nach einigen Wochen ziemlich sicher laufen kann und sich nicht mehr so sehr auf jeden einzelnen Schritt konzentrieren muss, dann wird es seine Energie wieder anderen Entdeckungen, eben auch der Entdeckung der Worte zuwenden.

Etwas in mir drängt mich, neue Bewegungen auszuprobieren.
Ich kann jetzt sitzen und krabbeln.
Ich ziehe mich hoch und mache meine ersten Schritte.
Das ist aufregend und anstrengend.
Ich habe ziemlich viel Ausdauer.
Manchmal bin ich frustriert, weil es doch noch nicht richtig klappt.
Bitte helft mir ein kleines bisschen und passt auf mich auf.
Bitte macht daraus keine verbissene Trainingsstunde.

Kleine Entdecker brauchen ein Vorratslager

Die mühsam errungene Freiheit der eigenen Fortbewegung hat eine Kehrseite. Macht sich das Baby auf den Weg, unbekannte Ecken in der Umgebung zu entdecken oder einem davonrollenden Spielzeug nachzukrabbeln, gerät es vielleicht in fremde oder ihm unheimliche Situationen. Der Papierkorb, an dem es sich hochziehen wollte, fällt einfach um. Oder es hat sich in seinem Überschwang weit weg von einem vertrauten Ort begeben und fühlt sich plötzlich allein.

Wunderbarerweise tauchen jetzt beim Baby neue Fähigkeiten auf, die es davor schützen, unvertrauten Momenten hilflos ausgeliefert zu sein. Etwa parallel zum Loskrabbeln kann sich das

Kind besser als vorher merken, wie die Mutter, der Vater oder andere vertraute Personen aussehen, auch wenn sie gerade nicht in Sichtweite sind. Das hilft, wenn man sie herbeirufen muss, weil etwas beängstigend oder schwierig geworden ist. Man kann nämlich nur nach etwas gezielt rufen oder suchen, wenn man davon eine Vorstellung oder eben ein Bild im Kopf hat, also damit vertraut ist.

Nun wird auch klar, warum sich kleine Kinder in dieser Phase bei Kummer, Überforderung oder Unsicherheit zunächst nur von vertrauten Personen trösten und beruhigen lassen. Fremde haben da kaum Chancen; selbst in weniger unsicheren Momenten werden sie vorsichtig gemustert. Kinder in diesem Alter suchen Rat und Hilfe, indem sie sehr darauf achten, wie der vertraute Erwachsene guckt und spricht. Macht dessen Verhalten Mut, dann trauen sie sich unterschiedlich vorsichtig an eine fremde Person oder einen unbekannten Gegenstand heran. Die im Gesicht und in der Stimme der vertrauten Erwachsenen wahrgenommenen Gefühle werden als Hinweis dafür verstanden, ob alles sicher und in Ordnung ist.

Viele Kinder reagieren mit »Fremdeln«, wenn ein Unbekannter zu nahe kommt und kein Vertrauter hilft, die fremde Person kennenzulernen.

Durch eine warnende oder angstvolle Reaktion von Mutter oder Vater werden die Kinder eher gebremst. Meistens dient das ihrem Schutz. Manchmal übertragen sich aber Angst und Unsicherheit der Erwachsenen ungünstig auf das Kind, denn es holt sich immer eine Art Rückversicherung über das, was jetzt zu tun ist. Das Baby kann sich jedoch noch lange nicht in den anderen hineinversetzen und verstehen, warum einer ängstlich, wütend oder fröhlich ist. Es kann daher auch noch nicht Rücksicht auf einen bestimmten emotionalen Zustand eines anderen nehmen.

Das zielgerichtete Rufen, Schreien, Weinen treten also genau dann eindrucksvoll als Trennungs- und Fremdenangst auf, wenn

sich das Kind aufgrund seiner Neugier und eigenen Fortbewegung selbst in schwierige Situationen bringen kann. Es aktiviert
damit die unsichtbare Sicherheitsleine, die es mit der Mutter
oder auch dem Vater verbindet. Man könnte es vergleichen mit
dem Ruf nach dem Basislager oder einem Lotsenschiff, welches
das Kind in den sicheren Hafen geleitet. Dort muss es erst mal
auftanken, um mit neuer Energie die noch unbekannte Situation
oder Person in Augenschein zu nehmen.

Wenn das Kind in solchen Momenten seiner Umgebung mitteilt, dass es Hilfe braucht, zeigt es damit auch: »Ich weiß, dass
ich um Hilfe bitten kann, und ich weiß, dass jemand da ist, der
mir hilft.« Wenn das Kind getröstet ist, spürt es meistens wieder
neuen Mut zum Aufbruch.

Einige Eltern sind besorgt über diese Verhaltensweisen, weil sie
glauben, ihr Kind sei nicht »artig« oder dramatisiere die Situation.
Kinder dieses Alters brauchen aber immer vertrauensvolle, ver-
lässliche und verfügbare Erwachsene, die ihnen in überfordern-
den Situationen beistehen. Wenn Kinder diese Unterstützung in
den allermeisten Fällen erleben, dann werden sie mutiger, nicht
zuletzt deshalb, weil der Erwachsene ihnen ja damit auch zeigt,
wie sie aus einer schwierigen Situation herausfinden können.

Auch hier gibt es große Unterschiede. Sie hängen mit den Erfahrungen zusammen, die die Kinder bisher mit Vater, Mutter oder
anderen vertrauten Personen gemacht haben. Sie haben auch mit
dem Temperament zu tun, das mit darüber entscheidet, wie vorsichtig oder neugierig, wie schnell oder langsam Kinder auf neue
Situationen zugehen.

Manche Kinder versuchen in Momenten von Verunsicherung,
erst mal tapfer zu sein, und geben keine deutlichen Signale an

die Erwachsenen. Sie verstecken ihre Unsicherheit und Überforderung und tun so, als ob ihnen die Unvertrautheit einer Situation nichts ausmache. Vielleicht haben sie von den Erwachsenen entsprechende unterschwellige Botschaften bekommen. Die könnten lauten: »Stell dich nicht so an«, oder: »Ich bin stolz auf dich, wenn du nicht weinst.« Statt nach der Mutter oder dem Vater zu suchen oder zu weinen, halten sie sich sozusagen am Spielzeug fest, um Sicherheit in einer Situation zu finden, die sie ebenso belastet wie ein Kind, das deutlich Bescheid sagt. Oft haben sie die Erfahrung gemacht, dass Mutter oder Vater sich über dieses »Artigsein« freut, und sie geben sich dann viel Mühe, trotz Stress nicht zu weinen.

Auch sehr kleine Kinder haben schon feine Antennen für unterschwellige Botschaften und versuchen, sich den Erwartungen der Erwachsenen anzupassen.

Wieder andere Kinder bevorzugen es, in vielleicht unsicheren oder unvertrauten Situationen schon bei den kleinsten Anzeichen von Schwierigkeiten mit Weinen und Schreien deutlich Bescheid zu sagen, damit der Erwachsene auch unbedingt zur Stelle ist, wenn er gebraucht wird. Möglicherweise haben sie die Erfahrung gemacht, dass sie sich der Aufmerksamkeit sonst nicht so sicher sein konnten oder die Erwachsenen trösten und helfen wollten, als gerade alles in Ordnung war. Also geben sie schon ein bisschen eher und intensiver Bescheid, um auf ihre Situation aufmerksam zu machen.

Mutter, Vater und andere vertraute Personen sollten von der Idee Abschied nehmen können, dass ihr Kind in schwierigen Situationen alleine klarkommen und tapfer sein sollte. Genauso wichtig für die Entwicklung ist es aber auch, den Drang nach Selbstständigkeit mit Gelassenheit zu begleiten und nur dann zu helfen, zu trösten und zu ermutigen, wenn Sie wirklich gebraucht werden. Da steht die Entwicklung Ihrer Abstimmung vor einer weiteren Herausforderung, die Sie aber mit Ihrem Baby nach einigen kleineren Pannen gut meistern werden.

Es ist nicht immer leicht, die richtige Balance zwischen der nötigen Geborgenheit und der Ermutigung zur Selbstständigkeit für das Baby zu finden.

In den letzten Jahren wird häufig geraten, dass man mit seinem
Baby ganz viel spielen müsse, um seine Entwicklung optimal zu
fördern und nichts zu verpassen. Das setzt Eltern, insbesondere
die Mütter, ziemlich unter Druck und kann auch dazu führen,
dass die Eltern sehr genaue Vorstellungen davon haben, was ihr
Kind mit einem bestimmten Spielzeug machen soll. Sie versuchen, ihre Ideen durchzusetzen. Das Kind reagiert häufig mit
Unlust und Ärger, weil seine eigenen Ideen übersehen werden
und es nicht versteht, was Mutter und Vater von ihm wollen. Das
Kind fühlt sich überfordert und entmutigt. Es scheint keine Lust
am Spielen zu haben und sich schnell zu langweilen.

Kleine Kinder lieben es, dabei zu sein. Es muss nicht immer das
direkte Spiel miteinander sein. Kinder sind begeistert von einfachen Alltagsgegenständen, die sie oft in der Hand der Eltern
gesehen haben. Das können Wäscheklammern in einer Schüssel,
Kochtöpfe und Holzlöffel, Eimer und Bausteine sein. Sie untersuchen sie mit Ausdauer und probieren aus, wie das mit dem Ein-
und Ausräumen geht, ob die Gegenstände Geräusche erzeugen,
ob sie wirklich verschwunden sind, wenn sie wegrollen, und vieles mehr. Ihrem Kind genügt es, wenn Sie in der Nähe sind, mit
ihm reden, auf seine Signale reagieren und, wenn nötig, kleine
Hilfestellungen und Anregungen geben.

Kinder spielen gerne und ausdauernd, wenn sie sich wohl- und geborgen fühlen, wenn sie ausgeschlafen sind und ihren eigenen Ideen folgen können. Mutter oder Vater darf sich behutsam einmischen, etwas
vormachen, eine kleine Anregung geben oder auch mal helfen, einen
Ball unter dem Schrank wieder hervorzuholen. Und besonders wichtig:
Zeigen Sie dem Kind, dass Sie sich über seinen Erfindungsgeist, seine
Ausdauer und sein Können mit ihm gemeinsam freuen.

Kleine Kinder sind selbst die Erfinder ihrer Spiele und möchten das auch sein.

Eltern sind selbstverständlich auch mit anderen Aufgaben beschäftigt oder innerlich mal abwesend. Das kann vorkommen. Geschieht das jedoch sehr häufig oder lang anhaltend, kann beim Kind der Eindruck entstehen, bei seinem Spiel und seinen Entdeckungen nie beachtet zu werden. Es weiß schon, dass sich Mutter oder Vater über das Runterwerfen oder Krachmachen ärgert. Besteht so fast die einzige Chance, eine Reaktion zu erleben, dann macht das Kind erneut Krach oder lässt etwas fallen. Es handelt nicht aus »böser Absicht«, sondern orientiert sich an den erfahrenen Zusammenhängen: Wenn ich ruhig bin und für mich alleine spiele, werde ich gar nicht beachtet, aber wenn ich etwas tue, was meine Eltern nicht mögen, dann reagieren sie wenigstens.

Schwierig kann es für das Kind auch werden, wenn Eltern auf sein Verhalten mal so und mal so reagieren: Mal erlaubt die

Mutter das Herunterwerfen, dann wieder nicht, und das Kind kann nicht erkennen, wovon das abhängt. Möglicherweise probiert das Kind sehr viel aus – es hat das Bedürfnis, eine erkennbare Regel für Erlaubtes oder Verbotenes herauszufinden. Auch dadurch entstehen bei allen Beteiligten viel Unruhe und Unsicherheit. Vielleicht traut sich das Kind auch nichts mehr zu, und das wäre sehr schade, weil seine Neugier und sein Wunsch nach Erkundung und Selbstwirksamkeit eingeschränkt würden.

Unterschiedliche Meinungen der Eltern darüber, was dem Kind erlaubt und untersagt werden sollte, irritieren weniger, wenn zwei Dinge zuverlässig gegeben sind: Mutter und Vater bleiben bei ihren jeweiligen Reaktionen und ändern diese nicht ständig. Und sie streiten sich darüber nicht vor dem Baby, sondern respektieren ihre unterschiedlichen Positionen.

Natürlich sind Eltern hin und wieder unsicher über das, was sie erlauben wollen und was nicht. Was ist da zu tun? Sie können sich nach dem Grund fragen, warum sie bestimmte Dinge verbieten wollen. Häufig geht es dabei um die Sicherheit des Kindes oder den Wunsch, ständiges Aufräumen, Putzen oder den Verlust geliebter Dinge zu vermeiden. Das ist durchaus legitim, aber vielleicht können die Eltern trotzdem prüfen, ob sie nicht doch etwas großzügiger sein könnten.

Kinder sind sehr neugierig und haben einen großen Bewegungsdrang. Werden sie dabei zu sehr eingeschränkt, reagieren sie mit schlechter Laune und auch Lustlosigkeit für andere Aktivitäten. So gut es geht, sollten ihrem Bewegungsdrang und ihrer Neugier viele Möglichkeiten der Befriedigung gegeben werden. Andere Kinder sind dabei oft ausdauernder und erfindungsreicher als die Eltern. Sie erfinden oft ganz eigene Spiele, die sie mit viel Spaß immer wieder ausprobieren. Das kann helfen!

Die Vorräte im Basislager
Wenn ich weine, muss ich zu meinem Basislager zurück.
Bitte schütze und tröste mich, mein Akku ist leer.
Manchmal flitze ich mit einem halb gefüllten Akku los, weil ich
so neugierig bin.
Ich hab mich überschätzt und muss noch mal zurückkommen.
Wenn ich neugierig bin, dann bremst mich nicht.
Euren Schutz brauche ich, wenn ich vor lauter Neugier Gefahren
übersehe.
Zeigt mir, dass ich mich auf euch verlassen kann.
Zeigt mir, dass ich euch vertrauen kann.
Zeigt mir, dass ich euch erreichen kann, wenn ich euch brauche.

Andere Kinder sind auch interessant

Zur Welt eines Babys gehören mit zunehmendem Alter neben
den Erwachsenen auch andere Kinder. Das können Geschwisterkinder oder Kinder aus einer Gruppe sein.

Heute ergeben sich für kleine Kinder nicht mehr so selbstverständlich Kontaktmöglichkeiten mit anderen Kindern. Sie müssen von den Eltern organisiert werden. In vielen Kommunen
existieren dafür entsprechende Angebote wie Babyschwimmen,
Krabbelgruppen, PEKiP-Gruppen oder Mutter-Kind-Cafés. Auch
hier gilt: Zu früh und zu schnell führt zur Überforderung des
Kindes (und der Eltern). Eine Gruppe sollte allen Beteiligten
Spaß machen und ihren Alltag bereichern. Vielleicht muss man
bei dem einen oder anderen Kind noch ein paar Wochen warten,
weil es deutlich zeigt: Das ist mir hier zu laut und zu viel. So ver-
meidet man unnötigen Stress und schont die Nerven aller.

Mit Gleichaltrigen

Wenn sich die Babys wohlfühlen, nehmen sie andere interessiert und aufmerksam wahr. Je kleiner sie sind, desto mehr sind sie dabei noch durch ihre geringe Beweglichkeit eingeschränkt. Im Alter von vier Monaten kann man beobachten, dass zwei Kinder, die nahe genug beieinanderliegen, ihre Hände berühren, sich zulächeln und versuchen, sich anzufassen.

Sobald sie sich drehen und ihre Lage selbst verändern können, etwa um den fünften bis siebenten Monat herum, wird ihre Neugier am anderen deutlicher. Sie erkunden den Körper des anderen. Sie berühren sein Gesicht, seine Haare. Noch tun sie das so, als ob der andere ein Gegenstand wäre, und es ist nicht so leicht, herauszufinden, wann das Baby den Eindruck hat, der andere sei auch ein lebendiges Wesen. Bis dahin spielen interessante Gegenstände, die die Kinder in den Händen halten oder bei dem anderen sehen, eine wichtige Rolle. Ein vielleicht sieben Mona-

Zeig mal, was du da hast, das möchte ich auch anfassen und in den Mund nehmen.

te altes Kind bemerkt in der Hand eines anderen eine Klapper, die es selbst mit den Händen oder dem Mund erkunden möchte. Es versucht, dem anderen Kind dieses interessante Teil aus der Hand zu nehmen.

Für Eltern ist es wichtig, zu verstehen, dass es sich hier nicht um ein Wegnehmen im Sinne von Besitzenwollen handelt. Das nehmende Kind ist an dem Spielzeug einfach nur interessiert, neugierig. Der das Spielzeug hergibt, protestiert und weint (noch) nicht. Entweder wendet er sich dem Kind zu, das das Spielzeug genommen hat, und beobachtet es, schaut in sein Gesicht und auf sein Hantieren; oder er wendet sich einem anderen Spielzeug zu. Etwas besitzen zu wollen oder auf den anderen und sein Spielzeug eifersüchtig zu sein setzt voraus, dass das Kind klar zwischen sich und dem anderen unterscheiden kann. So weit ist sein Denken jetzt noch nicht entwickelt. Mit etwa 18 Monaten treten diese Konflikte häufiger auf, und sie werden intensiver ausgetragen, weil sich die Kinder durch das »Wegnehmen« eher bedroht fühlen.

Kinder erfahren allmählich, was das Besondere bei dem anderen ist. Der lacht wie ich, der macht Geräusche wie ich, und so mit den Armen wackeln, das kann ich auch. Hier spielt wieder die Nachahmung von Bewegungen und Tönen eine wichtige Rolle. Aber ein bisschen anders als mit Mutter oder Vater ist es schon. Die Reaktion des anderen Kindes erfolgt nicht immer so zuverlässig. Sie dauert manchmal etwas länger und kann auch sehr überraschend sein. Das macht neugierig.

Andere Kinder sind also sehr interessant. Sie beeinflussen gegenseitig ihr Verhalten. Beantwortet ein Kind die Berührung eines anderen, wiederholt es die Berührung. Diese Kontakt stiftenden Verhaltensweisen werden gezielt und vorsichtig ausge-

Die Babys beobachten einander, blicken sich an, tauschen Laute und ein Lächeln aus, ahmen Bewegungen des anderen nach, berühren sich …

führt. Manchmal verliert ein Kind das Gleichgewicht oder die Berührung, vielleicht im Gesicht oder in den Haaren, war etwas unsanft. Trotzdem gibt es erstaunlich wenig Protest. Die Neugier überwiegt, und die Kinder beruhigen sich schnell. Natürlich brauchen sie aufmerksame Erwachsene, die notfalls eingreifen, um Kinder trennen und trösten zu können. Aber kleine Pannen können die Kinder selbst beheben.

Beobachten wir Lukas, Leon und Lena

Lukas, Leon und Lena liegen auf einer Matte nahe beieinander. Sie sind alle etwa im gleichen Alter, nämlich zehn Monate. Leon und Lena beschäftigen sich konzentriert mit je einer Holzrassel. Leon hat seine gerade in den Mund gesteckt, Lena hält ihre Rassel mit beiden Händen fest und betrachtet sie konzentriert. Lukas beobachtet das Spiel mit der Rassel. Er dreht sich um und setzt sich hin, um näher heranzukommen und die Hände frei zu haben. Er versucht, die Rassel aus dem Mund von Leon zu nehmen, was der aber nicht zulässt. Lukas wendet sich nun Lena zu, hat aber auch bei ihr keinen Erfolg. Da hat er eine neue Idee und dreht sich jetzt, Leon zugewandt, ebenfalls auf den Bauch. Leon hat die Rassel immer noch in seinem Mund, und Lukas versucht, von der anderen Seite die Rassel ebenso mit dem Mund zu erkunden. Das scheint ihm aber unbequem zu sein, und er wendet sich wieder ab.

Da erinnert sich Lukas an seinen Wunsch, die Rassel zu nehmen. Er schaut sich um, ergreift einen Baustein und legt ihn Lena auf den Bauch. Da das offensichtlich noch nicht ausreicht, Lenas Neugier zu wecken, versucht Lukas, sie für ein anderes Spielzeug zu interessieren. Mit einem roten Gummiring gelingt es: Lena ergreift das neue Spielzeug und lässt die Rassel los. Endlich hat der einfallsreiche Lukas sein Ziel erreicht, und alles ging ohne Quengeln oder Weinen vonstatten.

Mit Geschwisterkindern

Aus der Sicht des Babys läuft der Kontakt mit seinen Geschwistern sehr ähnlich, wie bei Lukas, Lena und Leon beschrieben. Unterschiede werden sich aus dem jeweiligen Altersabstand zwischen den Geschwistern ergeben.

Geschwisterkinder im Kleinkindalter fühlen sich durch die von den Eltern und anderen erwartete Rücksichtnahme auf das kleine Kind eher bedroht und überfordert. Wenn das Baby zum geliebten Bauwerk krabbelt und es zum Einsturz bringt, ist das größere Geschwister verärgert und wird das entsprechend zum Ausdruck bringen.

Größere Geschwisterkinder kämpfen auch mit ihrer Eifersucht um Zuwendung, da das Baby offensichtlich viel mehr Zeit mit der Mutter verbringen darf. Es hat mehr Körperkontakt, darf vielleicht im Elternbett schlafen, und alle Besucher schauen zuerst nach dem süßen, kleinen Baby. Wie gemein! Wenn es den Eltern gelingt, das ältere Kind nicht zu überfordern, ihm eigene kleine Bereiche einzuräumen und es in die Pflege und Betreuung des Babys mit einzubeziehen, dann werden sie immer wieder Momente der Gemeinsamkeiten beobachten und sich an den witzigen Ideen ihrer Kinder erfreuen können. Und sie haben einen einfallsreichen Mitspieler für ihr Baby.

Andere Kinder sind sehr aufregend für mich.
Ich bin gerne mit ihnen zusammen.
Wir versuchen zusammen herauszufinden, was wir gemeinsam machen können. Lasst uns nur machen und ruht euch etwas aus.
Bitte bleibt aber in unserer Nähe, denn wir brauchen euch, wenn einer weint.

Kleine Entdecker haben Hunger und wollen selber essen

Essen ist für uns alle ein lebenslang wichtiges Thema. Häufig denken wir ans Einkaufen und unser nächstes Essen. Wir plagen uns mit Diäten, der richtigen Nahrungszusammenstellung und ertappen uns doch immer wieder dabei, dass gerade die nicht so gesunden Sachen besonders gut schmecken.

Die Art und Weise, wie wir essen, geben wir an unsere Kinder weiter. Wir zeigen ihnen, wie wir in unserer Kultur essen, welche Geschmacksrichtungen und Rituale wir beim Essen bevorzugen. Wir zeigen ihnen, dass man sich für das gemeinsame Essen Zeit nehmen und es mit Freude genießen kann. Wir zeigen ihnen auch, dass wir oft nebenher essen können oder es als Trost oder Belohnung benutzen.

Unterwegs wird der Durst aus der Flasche gestillt – mit stillem Wasser oder ungesüßtem Tee.

Eltern sind froh, wenn ihr Baby ausreichend trinkt und isst. Sie sind sehr besorgt, wenn es die Nahrung verweigert, und erleben häufig Druck von außen, auch von Ärzten, wenn ihr Kind nur langsam zunimmt.

Essen in den ersten Monaten

Schauen wir kurz zurück: Damit sich ein Baby gut genährt fühlen kann, benötigt es noch viel stärker als beim Übergang zum Schlafen zugewandte und zuversichtliche Erwachsene. Zugewandt deshalb, damit das Baby zur richtigen Zeit das bekommt, was es benötigt, und zuversichtlich deshalb, damit der Erwachsene mit Gelassenheit dem Baby vertraut, dass es in ausreichender Menge an der Brust oder aus der Flasche trinkt. Es hat im Mutterleib das Saugen am Daumen und das Schlucken von Fruchtwasser geübt. Alle für die Ernährung wichtigen Reflexe wie der Such-, Saug-, Schluck- und Greifreflex sind sofort nach der Geburt startklar.

Trotzdem muss sich das Trinken nach der Geburt erst noch einspielen. Es kann zwischen fünf und zehn Tagen dauern, bis sich die Nahrungsaufnahme gut eingespielt hat. Das ist eine recht lange Zeit. Eltern, insbesondere die Mütter, benötigen dafür Geduld und Gelassenheit und gute Begleiter wie verständnisvolle Hebammen, Stillberaterinnen und Ärzte. Auch in der eigenen Familie ist eine gelassene Unterstützung wertvoll. Sie kann darin bestehen, Baby und Mutter die notwendige Ruhe zu verschaffen und sich, gerade in den ersten Wochen, um Haushalt und Geschwisterkinder zu kümmern.

Auch bei der Ernährung gibt es große Unterschiede: Manche Babys kommen im Alter von einem Monat mit 400 ml Milch aus, andere brauchen in diesem Alter schon die doppelte Menge. Und dieser Unterschied bleibt in den nächsten Monaten und auch beim Wechsel der Nahrungsmittel bestehen. Durchschnittswerte geben daher nur einen begrenzten Überblick über die Menge, die ein Kind wirklich benötigt.

Wenn das Baby die Brustwarze oder den Flaschensauger aus dem Mund schiebt, den Kopf abwendet und den Mund geschlossen hält, zeigt es, dass es satt ist. Bei einer guten Abstimmung können Sie diese Zeichen sehen und trauen Ihrem Baby zu, dass es selbst spürt, wann es hungrig und wann es satt ist.

Insgesamt lässt sich das Gedeihen an folgenden Merkmalen einschätzen: Durch Schreien signalisiert das Baby, dass es Hunger hat, wobei sich dieses Bedürfnis von Kind zu Kind recht unterschiedlich bemerkbar machen kann. Manche schreien sehr laut und kräftig, andere melden sich leise und verhalten. Aber nicht jedes Schreien verweist auf Hunger. Schreien ist auch ein Hilferuf, wenn sich das Baby unbehaglich fühlt, z. B. allein gelassen, und etwas Unterhaltung wünscht.

Während der ersten Tage und Wochen finden die Eltern zumeist heraus, wie sich das Schreien ihres Kindes bei Hunger, Nässe, Schmerzen oder eben Langeweile anhört, und sie wissen bald besser, was zu tun ist. Diese zunehmende Sicherheit wird auch dazu führen, nicht bei jedem Schreien die Brust oder die Flasche anzubieten; das wäre nämlich auf Dauer nicht so gut, weil das Kind dann die Erfahrung macht, wenn man sich nicht wohlfühlt, hilft nur Trinken oder Essen. Also gilt es herauszufinden, wann das Kind wirklich Hunger hat, mit Mutter oder Vater reden, in den Arm genommen werden will oder etwas Unterstützung beim Einschlafen braucht.

Wie alles in seinem Leben vermittelt auch das Trinken an der Brust oder aus der Flasche vielfältige Erfahrungen, die das Baby mit all seinen Sinnen aufnimmt. Es kostet die Gelegenheiten aus, der Mutter beim Trinken ins Gesicht zu sehen und ihr zuzuhören, wenn sie etwas sagt. Es spürt ihren Finger, der sanft sein Gesicht streichelt und es vielleicht vorsichtig auffordert, doch noch einen Schluck zu trinken. Augen, Stimme und Finger der Mutter könnten z. B. sagen: »Bist du sicher, dass du schon satt bist, oder möchtest du nicht noch ein bisschen weitertrinken? Ah, zwei drei Schluck konntest du noch gut gebrauchen. Aber jetzt habe ich verstanden, du bist wirklich satt, denn du drehst deinen Kopf zur Seite und wirst etwas unruhig.«

Im Alter von etwa vier Monaten, bei einigen Kindern wieder etwas eher und bei anderen etwas später, kann es passieren, dass das Kind nach den ersten Schlucken aufhört und sich im Raum umsieht, weil es ein interessantes Geräusch gehört hat. Wenn der erste Hunger gestillt ist, geht es seinen Lieblingsbeschäftigungen nach: Sehen, Hören oder mit Mama sprechen. Dies muss die Mutter nicht beunruhigen, denn das Baby kehrt dann wieder zum Trinken zurück, wenn es genügend gesehen und gehört hat. Es macht hier auch wichtige Erfahrungen über die Abstimmung von Aktivitäten zwischen zwei Partnern. Wenn es aktiv trinkt, ist die Mutter eher ruhig. Macht es eine Trinkpause, wird die Mutter etwas aktiver, sie spricht mit ihm und streichelt es.

Wer hat den Löffel in der Hand?

Das Baby kann mit dem Brei nur etwas anfangen, wenn es dafür bereit ist! Das betrifft zum einen die Fähigkeit, mit der Oberlippe den Brei vom Löffel in den Mund zu bekommen und ihm mit der Zunge nach hinten zu befördern und zu schlucken (»mundmotorischen Fähigkeiten«). Auch seine Verdauungs- und Stoffwech-

Wann bekommt das Baby die erste Breimahlzeit? Einfach gesagt, wenn es selbst so weit ist.

selprozesse müssen auf die neue Nahrungsform eingestellt sein. Ebenso spielen seine Geschmacksvorlieben eine Rolle. Erst nach dem dritten Monat erwacht seine Neugier für andere Geschmacksrichtungen neben der süßen Muttermilch.

Die meisten Kinder zeigen ihre wachsende Neugier für das Essen von Brei zwischen dem vierten und achten Lebensmonat. Woran kann man das erkennen? Das Kind schaut interessiert nach dem Löffel und öffnet den Mund, wenn sich der Löffel nähert. Zunächst möchte es den Löffel kennenlernen und herausfinden, wie er sich im Mund anfühlt. Auch sein Geschmack ist ein neuer, interessanter Eindruck, für dessen Verarbeitung das Kind Zeit braucht. Im Gegensatz zu den Erwachsenen ist es noch nicht so sehr an Abwechslung interessiert und durchaus zufrieden, wenn es für einige Tage, manchmal bis zu zwei Wochen, immer denselben Brei in kleinen Portionen bekommt.

Bald wird es seinen Wunsch, mitzumachen, zeigen, indem es auf den Löffel schaut und nach ihm fasst. Das geht umso besser, je stabiler das Kind in seinem Hochstuhl sitzen kann. Es beobachtet sehr genau, was die Mutter mit dem Löffel tut, und möchte dies nachahmen. Es hat die Hände frei und möchte zugreifen. Etwas mit dem Löffel in den Mund zu bekommen ist für die kleine Hand jedoch eine große Herausforderung. Das eine oder andere wird danebengehen, vom Löffel herunterfallen und nicht bis zum Mund gelangen. Trotzdem möchte das Baby unbedingt mitmachen und nicht mehr nur gefüttert werden. Das Baby ist enttäuscht, wenn es daran gehindert wird. Es zappelt dann mit den Beinen und wird unruhig oder verweigert sogar den Brei, den die Mutter gerade füttern will.

Ihr Kind lässt sich jedoch gerne helfen, indem Sie ihm einen kleinen Klecks auf seinen Löffel machen, behutsam seine Hand

Den Brei behutsam anbieten, Babys Reaktion beobachten, eine Pause machen, vielleicht noch mal anbieten und Zeit lassen – auch hier sind wieder Ihre Geduld, Ihre Beobachtung und Ihre Erfahrungen mit Ihrem Kind gefragt.

führen und ihm Zeit lassen. Dann ist es auch zufrieden, wenn Sie es zwischendurch mit dem zweiten Löffel selbst füttern.

Je entspannter es den Eltern gelingt, dem Bedürfnis ihres Kindes nach »Selbermachen« zu folgen, desto einfacher wird es die familientypischen Essgewohnheiten übernehmen wollen. Essen und Trinken werden durch Nachmachen gelernt. Es dauert jedoch seine Zeit. Für die meisten Kinder umfasst dieser Zeitraum neun bis 15 Monate.

Wenn die Voraussetzungen beim Kind erfüllt sind, dann erweitert sich seine Neugier auf feste Nahrung. Das beginnt in der Regel damit, dass das Kind durch sein Blickverhalten und Zeigen mit dem Finger den anderen mitteilt: Ich möchte jetzt auch mal das Brötchen von Mama oder die Kartoffel von Papa in den

Mund stecken und darauf herumlutschen. Schließlich hat es schon oft beobachtet, dass die Eltern oder größeren Geschwister sich etwas in den Mund schieben und darauf herumkauen. Nachahmung und Neugier sind die besten Helfer beim Essenlernen. Und es braucht Vorbilder, die zeigen, wie es gehen kann.

Häufig möchten Kinder gern die Nahrung mit den Fingern prüfen. Legen Sie nur wenig auf den Teller, dann werden Kleckereien begrenzt, und das Kind hat trotzdem noch seinen Spaß. Sie dürfen durchaus entscheiden, was Sie Ihrem Kind gestatten wollen und wo Ihre Grenzen erreicht sind. Vielleicht können Sie Ihren eigenen Spielraum noch einmal überdenken, um das Kind nicht zu sehr einzugrenzen, aber dann ist es gut, ihm klar und eindeutig zu signalisieren, was erlaubt ist und was nicht. Und im zweiten Lebensjahr ist es dann geschafft, dass das Kind den Löffel mit Erfolg in den Mund bekommt und aus der Tasse trinken kann.

Wenn es mit dem Löffel manchmal nicht schnell genug geht, sind die Finger noch die zuverlässigeren Helfer.

Traut mir zu, selbst zu bestimmen, wie viel ich essen muss.
Ihr seid zuständig für das, was ich esse und wann wir essen.
Ich zeige euch deutlich, wenn ich satt bin.
Ich zeige euch deutlich, dass ich mitmachen will.
Ich werde ärgerlich und zapplig, wenn ich nicht mitmachen darf.
Was euch schmeckt, möchte ich jetzt auch kennenlernen.
Manchmal verziehe ich dabei mein Gesicht, aber ich versuche es noch mal.
Es gibt viel zu entdecken: Löffel, Tasse, Becher, Teller.

Wenn's mal schwer wird, weil ich nicht »richtig« essen will

Die schon oft erwähnten großen Unterschiede im Essverhalten bleiben weiterhin bestehen. Wie viel ein Kind isst, hängt von seinem Stoffwechsel ab, ebenso von seinem Bewegungsdrang. Es gibt Zeiten, in denen ein Kind etwas weniger isst, und dann wieder mehr. Dem Kind geht es gut, wenn es zufrieden und aktiv ist, Anzeichen von Krankheiten fehlen, es an Gewicht zunimmt und sein Stuhl normal geformt ist. Natürlich freuen sich die Eltern, wenn ihr Kind gut und regelmäßig isst.

Wenn das Kind die Nahrung verweigert, kann das ein Hinweis auf eine bevorstehende Erkrankung sein. Häufig jedoch haben die Eltern andere Vorstellungen von der Menge, die das Kind ihrer Meinung nach essen sollte. Ignoriert Mutter oder Vater seinen Protest und besteht auf Füttern ohne Beteiligung des Kindes, kann das Essen zum Kampf werden. Das Kind protestiert und verweigert die Nahrung, und die Eltern vermuten aus Sorge um die Gesundheit ihres Kindes, dass sie sich mit dem Füttern durchsetzen müssen. So verlieren alle die Freude am Essen und fürchten sich schlimmstenfalls vor der nächsten Mahlzeit.

Es gibt Viel- und Wenigesser. Die Vielesser essen ungefähr doppelt so viel!

Einfach gesagt, aber nicht immer einfach getan: das Kämpfen aufgeben und stattdessen die Impulse des Babys, etwas selbst zu tun, erkennen und stärken. Alles mobilisieren, was die Gelassenheit und Überzeugung der Eltern stärkt, dass das Baby selbst weiß, wie viel es für sein Wohlbefinden essen und trinken muss. Gemeinsame Mahlzeiten und Humor können helfen. Das Baby beobachtet die anderen und ahmt nach.

Sie sind dafür zuständig, was Ihr Kind an welchem Ort und wann isst. Die Menge bestimmt dagegen das Kind. Sie entscheiden also, welche Nahrungsmittel angeboten werden, und achten darauf, dass es eine gewisse Regelmäßigkeit und möglichst häufig gemeinsame Mahlzeiten gibt. So lernt das Baby, wie seine Eltern und Geschwister essen. Tischmanieren, die vorgelebt werden, übernimmt das Kind, und Essen wird als etwas Angenehmes erlebt, für das man sich nach Möglichkeit Zeit nimmt.

Mut zur Beratung

Wenn sich alle vor der nächsten Mahlzeit fürchten, die Situation jedes Mal mit viel Geschrei und Aufregung beim Kind und Verzweiflung und Zorn bei den Eltern endet, dann wird es höchste Zeit, sich fachliche Unterstützung zu holen.

In der Beratung wird es darum gehen, die Vorstellungen der Eltern über die Ernährung des Kindes und seinen Entwicklungsstand besser miteinander abzustimmen. Eltern können sich ihre Sorgen von der Seele reden und mit der Beraterin nach Wegen suchen, wie die gesamte Familie zu einem entspannten Essen zurückfinden kann. Häufig werden Eltern ermutigt, die Signale des Kindes zu sehen, mit denen es zeigt, dass es satt isst, auch wenn die Flasche oder der Teller noch nicht ganz leer ist. Sie werden auch ermutigt, ihrem Kind zu gestatten, selbst einen Löffel in die Hand zu nehmen, wenn es das möchte.

In manchen Familien kann es sein, dass die Beraterin nach den Erinnerungen aus der Kinderzeit der Eltern fragt. Vielleicht sind die täglichen Mahlzeiten mit negativen Erinnerungen verbunden, die Mutter oder Vater unbewusst auf ihr Kind übertragen.

Mit fachlicher Unterstützung lassen sich diese störenden Einflüsse erkennen und bearbeiten. Gespräche und Beobachtungen können helfen zu verstehen, dass die Vergangenheit vergangen ist. Das gemeinsame Essen mit dem Kind wird leichter und entspannter werden. Freude und Genuss finden wieder oder erstmals einen Platz am Esstisch.

Wünsche an die Eltern

Mit der Fähigkeit zum Krabbeln beginnt die nächste aufregende und manchmal recht anstrengende Zeit. Mehr als zuvor müssen Eltern an die Sicherheit ihrer Kinder denken und sie vor Gefahren schützen. Gleichzeitig wollen die Kinder in ihrer Entdeckungslust nicht zu sehr eingeschränkt werden. Auf Begrenzungen ihrer Wünsche nach selbstständigen Entdeckungen reagieren sie heftig mit Ärger und Zorn.

Sie und Ihr Kind müssen sich abstimmen zwischen Eroberung und Schutz, Über- und Unterforderung, Gewährenlassen und Grenzensetzen.

Haben ihre Eltern zu viel Angst, lassen sich die Kinder davon anstecken. Verhält sich Mutter oder Vater zu streng, versuchen die Kinder, sich anzupassen und brav zu sein. Auf Dauer sind intensiver Ärger, Angst oder übermäßige Anpassung keine guten Begleiter für die Entwicklung des Kindes.

Was wünscht sich Laura?
»Ich kenne jetzt viele Gefühle und zeige sie auch deutlich: Vergnügen, Angst, Wut, Traurigkeit, Aufregung und Freude. Ich lächle und wackle hin und her, um dir zu zeigen, dass ich Spaß habe, mit dir zu spielen. Ich gluckse und lache aus vollem Bauch heraus, weil ich will, dass wir das Kitzelspiel noch mal spielen.

Ich runzle die Stirn und schreie, weil du aufhörst, mich zu beachten. Ich brauche dich, damit ich meine Gefühle aushalten und verstehen kann. Bitte beruhige mich, wenn ich aus der Balance gerate oder Angst habe. Meine Gefühle können sehr stark sein.

Es kann sogar vorkommen, dass ich schlage, stoße, beiße, weil ich frustriert bin und noch nicht weiß, was man sonst noch machen kann, wenn man sehr wütend ist. Bitte gerate nicht auch in Zorn, sondern zeige mir, wie man da wieder rauskommt.

Ich bin gerne mit dir, meiner Mama, meinem Papa, zusammen. Lasst euch dann nicht vom Handy, vom Fernsehen, andauernder Hausarbeit oder schweren Gedanken ablenken. Ich merke es, wenn ihr euch lustlos, angespannt oder aus Verpflichtung mit mir beschäftigt. Aber ich kann es noch nicht verstehen und darauf viel Rücksicht nehmen. Sucht euch etwas aus, das euch auch Spaß macht, wenn ihr euch mit mir beschäftigt.

Ich brauche euch also noch eine ganze Weile recht intensiv. Wenn ihr einmal nicht da sein könnt, dann versucht, mich darauf vorzubereiten. Zeigt mir jemanden, den ich auch kenne und der euch vertritt. Gebt mir Zeit, andere Leute, aber nicht zu viele, und andere Situationen kennenzulernen.

Sagt mir Bescheid, wenn ihr geht, und schleicht euch nicht einfach weg. Ich merke es ja doch, wenn ihr plötzlich nicht da seid. Wenn ihr euch immer rausschleichen würdet, würde ich das Vertrauen verlieren und mich dauernd an euch festhalten, damit ihr nicht einfach wieder verschwindet. Wenn ihr aus meinem Blickfeld verschwindet, dann erschrecke ich, das macht mir Angst. Habt keine Sorgen, wenn ich mal heftig protestiere. Ich zeige euch damit nur, wie wichtig ihr für mich seid. Ich brauche noch etwas Ermutigung für die Zeit ohne euch. Kümmert euch bitte darum, dass jemand Vertrautes in meiner Nähe ist, den ich kenne und der mich dann auch so gut trösten kann wie ihr. Zu wissen, was passieren wird und wann ihr wiederkommt, hilft mir, mich wohler zu fühlen. Es hilft mir auch, ein Zeitgefühl zu entwickeln.

Was ich jetzt ausprobiere und entdecke

> Ich kann sitzen und krabbeln, ziehe mich hoch und mache meine ersten Schritte. Das ist aufregend und anstrengend.
> Ich habe ziemlich viel Ausdauer, manchmal bin ich frustriert, weil es doch noch nicht klappt.
> Bitte, helft mir ein kleines bisschen und passt auf mich auf.

> Ich brauche mein Basislager: Manchmal überschätze ich mich und muss noch mal zurückkommen.
> Euren Schutz brauche ich, wenn ich vor lauter Neugier Gefahren übersehe.
> Zeigt mir, dass ich mich auf euch verlassen und euch erreichen kann, wenn ich euch brauche.

> Andere Kinder sind sehr aufregend für mich, ich bin gerne mit ihnen zusammen.
> Wir probieren aus, was wir gemeinsam machen können.
> Lasst uns nur machen, bleibt aber in unserer Nähe.
> Ab und zu brauchen wir euch, wenn einer weint und wir nicht mehr weiterwissen.

> Ich zeige euch deutlich, wenn ich satt bin.
> Ich möchte beim Essen mitmachen und werde ärgerlich und zapplig, wenn ich nicht mitmachen darf.

> Was euch schmeckt, möchte ich jetzt auch kennenlernen.
> Es gibt viel zu entdecken: Löffel, Tasse, Becher, Teller.

An der Schwelle zum zweiten Jahr

Das Kind wird jetzt deutlicher auf seinen Vorstellungen und Wünschen bestehen und zum Teil heftig reagieren, wenn es dabei auf Hindernisse stößt.

Der erste Geburtstag ist da, und das Baby ist nun kein Baby mehr. Es beobachtet mit Verwunderung, was die Familie alles an diesem Tage macht. Irgendwie scheint es mit ihm zu tun zu haben. Aus der Sicht des Kindes markiert der erste Geburtstag nicht so deutlich das Erreichen eines bestimmten Entwicklungsmeilensteines wie für die Eltern und anderen Familienangehörigen. Was wird das zweite Lebensjahr bringen?

Starke Persönlichkeiten mit schwachen Momenten

Das Kind möchte in dieser Zeit oft mehr, als es schon kann. Es fühlt sich aber noch recht unsicher, wie weit die eigenen Kräfte reichen. Und so ist es verständlich, warum es manchmal innerhalb von Sekunden darauf besteht, sich alleine anzuziehen und dann doch wieder Hilfe einzufordern. Hin und wieder scheitert es auch daran, dass es diese Wünsche zwar in seinem Kopf hat, aber nicht für die anderen deutlich genug artikulieren kann. Mit heftigen Gefühlen reagiert es dann auf die »begriffsstutzigen« Erwachsenen, weil sie einfach nicht verstehen, was man gerade braucht. Diese Heftigkeit zeigt sich bei den Kindern unterschiedlich und begleitet sie teilweise vom ersten Geburtstag, meistens jedoch ab dem 18. Lebensmonat, bis etwa zum dritten Geburtstag.

Das Kind möchte in dieser Zeit oft mehr, als es schon kann.

Einjährige können sich jetzt klarer vorstellen, was sie wollen. Doch steht ihnen häufig noch ihre eigene Ungeschicklichkeit im Weg, oder die Erwachsenen haben aus Sicherheitsgründen, manchmal auch aus Bequemlichkeit, andere Vorstellungen. Dann gibt es einen Konflikt. Da die Kinder noch keine Umwege einplanen können, was uns ja selbst im Erwachsenenalter oft genug schwerfällt, bricht sozusagen eine Welt zusammen. Die Kinder reagieren mit mehr oder weniger intensivem Trotzverhalten: Der Turm fällt immer wieder um, oder Mama will unbedingt, dass ich die Mütze aufsetze, was ich gar nicht verstehe, denn mir ist nicht kalt.

Auch hier benötigen Sie wieder Zeit und Gelassenheit.

Kinder werden umso leichter die Regeln des Zusammenlebens akzeptieren können, je klarer sie ihre Eltern in den Momenten erleben, in denen sie gemeinsam mit ihnen etwas erkunden möchten, und je klarer ihre Eltern ihnen sagen können, was nicht geht. Kinder haben das Bedürfnis, ihren Eltern zu folgen. Manche Kinder testen etwas mehr als andere die Zuverlässigkeit der Eltern aus, um sich ihrer Reaktionen sicher zu sein. Ist das heute auch noch so, was du mir vorhin verboten hast? Na, dann ist ja gut. Auch wenn ich etwas tobe, gibt mir deine mir schon vertraute Reaktion Sicherheit.

Um unnötige Eskalationen zu vermeiden, brauchen die Kinder Eltern, die sich ihrer Sache einigermaßen sicher sind und ihnen da, wo es möglich ist, auch Kompromisse anbieten können. So lernt das Kind, dass Mutter und Vater manchmal andere Wünsche als es selbst haben. Und es lernt, dass man Kompromisse finden kann, die auch seine Wünsche berücksichtigen und bei denen es ein Mitspracherecht erhält. Manche Kinder wollen nicht mehr an die Hand genommen werden. Aber beim Überqueren einer befahrenen Straße ist es verständlicherweise notwendig. Vielleicht kann man dem Kind anbieten, dass beide sich an einer Tasche festhalten oder dass es in jedem Fall eine Hand anfassen muss, sich aber aussuchen kann, welche. Dabei tun die Eltern gut daran, die Anzahl der Wahlmöglichkeiten klein zu halten (zwei, höchstens drei), weil das Kind sonst überfordert wäre. Es geht für das Kind um das Mitmachen bei überschaubaren Alternativen. Bei Gefahr braucht es jedoch eine klare Orientierung.

Lass mich selber machen, aber lass mich nicht allein

Nicht nur innerhalb der Wohnung wird der Erkundungsraum des Kindes spürbar größer. Es zeigt selbst deutliches Interesse an anderen Menschen, besonders an Kindern. Es fühlt sich wohl und folgt seiner Neugier, wenn es das Gefühl hat, dass im Notfall jemand erreichbar ist, den es kennt und dem es vertrauen kann.

Beim Überqueren einer Straße musst du mich an der Hand fassen. Du kannst dir aber aussuchen, welche Hand es sein soll.

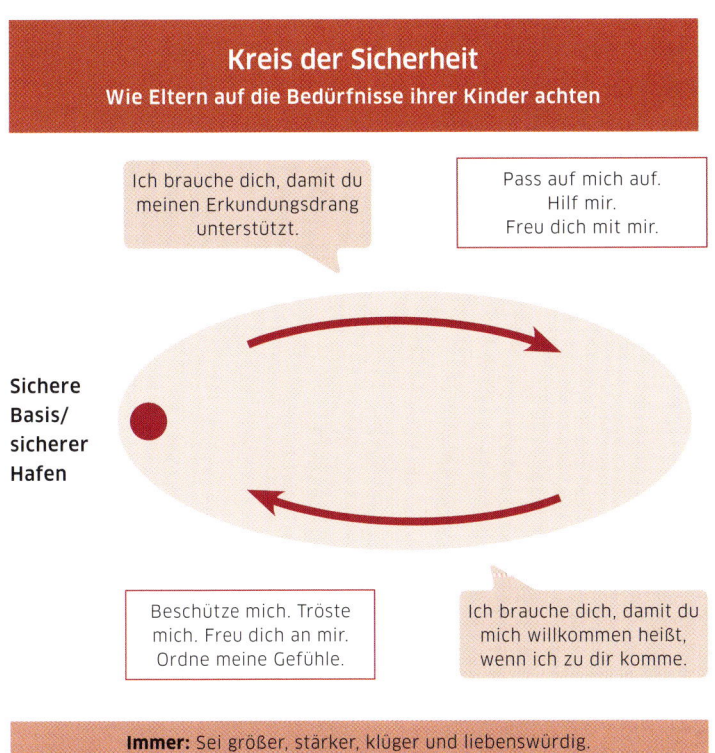

Kreis der Sicherheit
Wie Eltern auf die Bedürfnisse ihrer Kinder achten

Ich brauche dich, damit du meinen Erkundungsdrang unterstützt.

Pass auf mich auf.
Hilf mir.
Freu dich mit mir.

Sichere Basis/ sicherer Hafen

Beschütze mich. Tröste mich. Freu dich an mir. Ordne meine Gefühle.

Ich brauche dich, damit du mich willkommen heißt, wenn ich zu dir komme.

Immer: Sei größer, stärker, klüger und liebenswürdig.
Wenn möglich: Folge meinen kindlichen Bedürfnissen.
Wenn nötig: Übernimm die Leitung.

© 2000 Cooper, Hoffmann, Marvin & Powell

Im zweiten Lebensjahr müssen Kleinkinder immer wieder die richtige Balance finden zwischen »Lass mich selber!« und »Hilf mir mal!«. Das eine oder andere Missverständnis gehört dann einfach dazu bei den Erkundungen in die fernere Umgebung.

Der Kreis der Sicherheit kann Ihnen dabei vielleicht eine Orientierung sein. Er zeigt den Wunsch des Kindes, die Welt zu erobern und loszugehen. Er zeigt uns auch, dass das Krabbelkind wieder zurückkehren will, um im Basislager durch beruhigendes Zureden und In-den-Arm-genommen-Werden neuen Mut für die nächsten Entdeckungen zu schöpfen.

Tagesbetreuung – neue Entdeckungsmöglichkeiten

Für zunehmend mehr Eltern gibt es im zweiten Lebensjahr wichtige Gründe, ihr Kind von einer Tagesmutter oder in einer Krippe betreuen zu lassen. Bei diesem Übergang von der vertrauten Familie in die noch unvertraute Kindergruppe mit fremden Erwachsenen braucht es die besondere Unterstützung durch die Eltern. Wenn diese gegeben ist, dann wird das Kind weitere wichtige Schritte in der Eroberung seiner Welt tun. Wie schon häufig angesprochen, braucht es auch hier Zeit, Zuversicht und Klarheit.

Zeit braucht es, damit das Kind in Begleitung durch die Mutter oder den Vater entsprechend seinem Temperament vorsichtig oder stürmisch die neue Umgebung entdecken kann. Es wird Spielzeug finden, das es schon kennt, andere Kinder, die seine Aufmerksamkeit fesseln, und fremde Erwachsene, die ihm beim Kennenlernen Zeit lassen. Die noch fremde Frau wird sich ihm vorsichtig nähern, ihm interessantes Spielzeug anbieten, mit ihm reden und ihm und der Mutter alles zeigen. Dabei kann man sehen, wie genau das Kind alles beobachtet, insbesondere auch, wie die Mutter guckt und redet, wenn die Tagesmutter oder Erzieherin mit ihr spricht. Aus ihrer Mimik und ihrer Stimme entnimmt das Kind wichtige Hinweise darauf, wie die Mutter diese neue Situation einschätzt. Klingt ihre Stimme vertraut und ermutigend und ist ihre Mimik freundlich, dann ist diese fremde Frau wohl in Ordnung, und es kann auch nichts schaden, sich ein bisschen umzuschauen.

Das Kind benötigt Zeit, um zunächst in Begleitung der Mutter oder des Vaters, also jemandes, den es gut kennt, die neuen Gegebenheiten zu erkunden. Hat es diese Zeit bekommen und zeigt es sichtlich Neugier und Freude bei den täglichen kurzen Aufenthalten in der Kinderkrippe oder bei der Tagesmutter, dann wird sich die Erzieherin oder Tagesmutter dem Kind stärker zuwenden. Sie weiß um seine Neugier und lockt es mit interessanten Spielen. Sie zeigt dem Kind, dass sie seine Stressreaktionen oder seinen Kummer erkennen kann und genauso wie seine Mutter oder sein Vater ernst nimmt. Wenn das Kind zuverlässig weiß, an wen es sich bei Abwesenheit von Mutter oder Vater mit Kummer, Stress und Wünschen wenden kann, dann ist dieser aufregende Schritt hinaus aus dem familiären Umfeld in die Welt der Spiel- oder Tagesgruppe geschafft.

Die Erzieherin oder Tagesmutter hilft dem verunsicherten Kind, wieder in die Balance zu finden und gestärkt und getröstet zu neuen Unternehmungen aufzubrechen.

Manche Kinder scheinen von Anfang an sehr mutig und sicher zu sein. Sie vermitteln den Eindruck, dass sie die Begleitung durch Mutter oder Vater kaum benötigen. Sie sind vielleicht so fasziniert von den neuen Eindrücken, dass sie vergessen, sich nach ihrem »Basislager« umzusehen. Andere erfüllen den mehr oder weniger deutlichen Wunsch der Eltern, sich tapfer der neuen Situation zu stellen. Dieses Verhalten sollte nicht darüber hinwegtäuschen, dass etwas Neues mit sehr vielfältigen Eindrücken für Kleinkinder immer Stress bedeutet. Für die Bewältigung dieser Anstrengung brauchen sie Zeit, um zunächst bei den vertrauten Personen aufzutanken. Sie brauchen Zeit, herauszufinden, ob die noch unbekannten Personen demnächst ähnlich wie das Basislager bei Mutter oder Vater genutzt werden können. Und dass es da noch viel mehr zu entdecken gibt als zu Hause.

Zuversicht und Klarheit wurden als Voraussetzungen neben der notwendigen Zeit genannt. Das betrifft die Erwachsenen. Die Eltern helfen ihren Kindern bei diesem wichtigen Schritt, wenn sie auf ausreichend Zeit für den Übergang in diese neue Welt bei der Einrichtung und gegebenenfalls auch beim Arbeitgeber bestehen. Sie unterstützen ihr Kind bei diesen neuen Entdeckungen, wenn sie ihm signalisieren, dass sie Zutrauen in seine Fähigkeiten haben und nicht von starken Zweifeln über die Richtigkeit dieses Schrittes geplagt werden. Kinder bemerken diese Zweifel oder Unsicherheiten aufseiten der Erwachsenen sehr schnell. Wenn sie spüren, dass die Mutter zweifelt oder sehr traurig ist, dann lassen sie sich von diesen Zweifeln oder Traurigkeiten anstecken. Sie trauen sich nicht, die neue Situation zu erforschen, oder bleiben lange am Rockzipfel der Mutter oder am Hosenbein des Vaters hängen, als ob sie den Eltern durch ihr Verhalten recht geben wollten.

Es ist jedoch nicht immer ganz einfach, zu unterscheiden, ob das Kind einfach noch nicht so weit und von seinem Temperament eher vorsichtig ist oder wirklich durch die Sorgen der Eltern gebremst wird. Was können die Eltern tun? Wenn sie bei sich Sorgen und Zweifel spüren, dann sollten sie sich diese Bedenken zugestehen und sich einen Gesprächspartner suchen, vielleicht die Erzieherin, die Leiterin oder Eltern, die diesen wirklich nicht so leichten Schritt bereits geschafft haben.

Alle Beteiligten können aber auch zu dem Schluss kommen, dass das Kind nicht überfordert werden soll und noch etwas Zeit für die Eingewöhnung braucht. Dann wäre es sehr entlastend, wenn die Erwachsenen sich und dem Kind diese Zeit geben können.

Ich weiß, was ich will, und zeige es euch.
Ich weiß noch nicht, wie weit meine Kraft reicht. Das zeige ich euch auch.
Ich habe intensive Gefühle. Ich kann herzhaft lachen, heftig weinen und schreien und manchmal auch sehr zornig oder ängstlich sein.
Andere Kinder und Erwachsene finde ich jetzt besonders spannend.
Lasst mir Zeit, die anderen zu erforschen, und bleibt noch eine Weile im Hintergrund.

Wünsche an die Eltern

Einjährige wollen oft mehr, als sie schon können. Sie brauchen viel Halt und Klarheit, um mit ihren eigenen Widersprüchen zurechtzukommen. Jetzt geht es auch um das Thema Grenzen setzen. Ein verlässliches und freundliches Miteinander ohne Hektik und Zeitdruck ist gewissermaßen die Basis und Voraussetzung dafür, dass die Kinder Grenzen akzeptieren lernen. Je nach Temperament wird es hier und da auch etwas Widerstand geben. Ein Kind möchte jedoch von seinen Eltern geliebt und mit Freundlichkeit behandelt werden. Es hat seine Eltern gerne und möchte nicht durch übermäßigen Widerstand einen Liebesentzug riskieren. Nur kann es eben in diesem Alter seine eigenen Gefühle nicht immer so steuern. Dann braucht es das Verständnis und die Klarheit seiner Eltern.

Einjährige gelten als anstrengende, widersprüchliche kleine Persönlichkeiten.

Ich traue mir zwar schon viel zu, aber ich bin immer noch froh, wenn meine Basis in Reichweite ist.

Obwohl es manchmal schon so selbstständig zu sein scheint und auf seiner Autonomie beharrt, sollte das Kind nicht mit vielen vernünftigen Erklärungen oder einer Vielzahl von Alternativen überfordert werden. Es soll mitbestimmen dürfen, aber in einem von ihm selbst überschaubaren Rahmen. Eltern tun ihrem Kind keinen Gefallen, wenn sie ihre eigene Unsicherheit mit einem Redeschwall an Erklärungen und Auswahlmöglichkeiten überdecken. Das strengt alle sehr an und führt in der Regel nicht zu der gewünschten Lösung, sondern verstärkt eher die Aufregung, die Einjährige ohnehin häufig genug haben.

Was wünscht sich Jonas?

»Es interessiert mich, wie die Welt funktioniert. Ich finde heraus, wie ich ein- und ausräumen, Holzklötze stapeln, einen Löffel benutzen und aus einer Tasse trinken kann. Ich teste auch, ob ein Gegenstand, der unter den Schrank rollt, vielleicht doch ganz verschwunden ist oder immer wieder zum Vorschein kommt. Das ist wichtig für mich, um mir besser merken zu können, dass verschwundene Dinge doch noch da sind. Ich kann sie besser in meinem Gedächtnis behalten, und das hilft mir dann auch, wenn ihr mal weggeht.

Ich mag es, mit euch zu reden, auch wenn ich noch keine Worte sprechen kann. Ich höre aufmerksam auf den Ton eurer Stimmen und achte auf euren Gesichtsausdruck. Ich strecke dir meine Arme entgegen, wenn ich will, dass du mich aufhebst. Ich zeige auf Dinge, die ich haben will. Ich zeige auf Bilder in den Büchern, ich wünsche mir, dass ihr mir von ihnen erzählt. Ich verstehe mehr, als ihr denkt, auch wenn ich das Wort noch nicht sagen kann, z. B. beim An- und Ausziehen. Das könnt ihr daran erkennen, dass ich selber meinen Arm in die Jacke schiebe. Ich will manchmal selbst etwas machen, und dann seid ihr wieder dran.«

Was ich mir wünsche

> Manchmal wirke ich schon ziemlich unabhängig, aber lasst euch nicht täuschen: In einem Augenblick fühle ich mich sicher, im nächsten Augenblick kann sich das schon wieder ändern. Ich weiß, was ich will, und zeige es euch. Aber ich weiß noch nicht, wie weit meine Kraft reicht. Das zeige ich euch auch.

> Ich habe intensive Gefühle. Ich kann herzhaft lachen, heftig weinen und schreien und manchmal auch sehr zornig oder ängstlich sein.

> Andere Kinder und Erwachsene finde ich jetzt besonders spannend. Aber manchmal habe ich auch Angst vor Fremden, wenn sie zu schnell oder zu dicht an mich herantreten.

> Ich finde heraus, wie ich ein- und ausräumen, Holzklötze stapeln, einen Löffel benutzen und aus einer Tasse trinken kann. Ich teste auch, ob Gegenstände weg sind oder wieder zum Vorschein kommen. So kann ich sie besser in meinem Gedächtnis behalten, und das hilft mir auch, wenn ihr mal weggeht.

> Ich höre aufmerksam auf den Ton eurer Stimmen und achte auf euren Gesichtsausdruck. Ich zeige auf Dinge, die ich haben will. Ich verstehe mehr, als ihr denkt, auch wenn ich das Wort noch nicht sagen kann.

Anhang

Medienempfehlungen

Andresen, S.; Brumlik, M.; Koch, C. (Hrsg.): Das ElternBuch. Wie unsere Kinder geborgen aufwachsen und stark werden. 0–18 Jahre. Weinheim (Beltz) 2010.

Fries, M.: Unser Baby schreit Tag und Nacht. Hilfen für erschöpfte Eltern (Neuausgabe). München (Reinhardt) 2006.

Klein, M.; Schön, B.; Stüwe, M.: DasBabyBuch. Der große Ratgeber für Schwangerschaft, Geburt und erstes Lebensjahr. Mit CD. Weinheim (Beltz) 2009.

Maywald, J.: Die beste Frühbetreuung. Krippe, Tagesmutter, Kinderfrau. Weinheim (Beltz) 2010.

Mundzeck, H.; Braack, H.: Ein Leben beginnt ... Babys Entwicklung verstehen und fördern. DVD Hamburg (Luzifilm) 2008. Bestellung über www.liga-kind.de

Adressen

www.gaimh.de *Die Gesellschaft für Seelische Gesundheit in der Frühen Kindheit (GAIMH) bietet u. a. eine umfangreiche Adressliste »Beratungsangebote für Eltern« in Deutschland, Österreich und der Schweiz an.*

www.liga-kind.de *Die Deutsche Liga für das Kind ist ein bundesweit tätiges, interdisziplinäres Netzwerk zahlreicher Verbände und Organisationen aus dem Bereich der frühen Kindheit (0–6 Jahre).*

Die Autorin

Mauri Fries ist Psychologin und hat sich spezialisiert auf die Entwicklung von Babys und Kleinkindern. Sie kennt sich in der modernen Säuglings- und Kleinkindforschung aus, die erstaunliche Einblicke in die Welt der Babys erbracht hat.

Ihre praktischen Erfahrungen hat sie in Leipzig bei der Beratung von Eltern mit Babys und Kleinkindern gemacht. Die Eltern suchten Rat und Hilfe, weil ihre Babys sehr viel schrien, nicht gut ein- und durchschlafen konnten oder mit dem Essen Sorgen machten. Manche Kleinkinder waren sehr schüchtern und andere häufig wütend. Auch hier hat sie Eltern beraten und mit ihnen gemeinsam nach Wegen gesucht, wie sie ihr Kind besser verstehen und begleiten können.

Mauri Fries ist Mitbegründerin des »Martha-Muchow-Institutes – Theorie und Praxis der frühen Kindheit« in Berlin (www.martha-muchow-institut.de). Die dortigen Weiterbildungen befähigen Fachleute, zum Beispiel Kinderärzte, Erzieherinnen, Sozialpädagogen, Psychologen, Familien mit Säuglingen und Kleinkindern wertschätzend zu stärken, und sie helfen Eltern in unterschiedlichen Lebenssituationen beim Aufbau einer vertrauensvollen und zuverlässigen Beziehung zu ihrem Kind. Das Martha-Muchow-Institut führt seine Weiterbildungen in Deutschland, der Schweiz und Österreich durch.

Mauri Fries hat eine Tochter und ist immer wieder fasziniert von den Ausdrucks- und Entwicklungsmöglichkeiten, die sie bei Babys und kleinen Kindern erlebt. Sie weiß, dass Eltern Respekt verdienen, wenn sie mit Kinder leben und dass sie Unterstützung brauchen, wenn die Lebensumstände das Aufwachsen von Kindern erschweren. Sie weiß auch: *»Es braucht ein ganzes Dorf, um ein Kind großzuziehen«.*

Impressum

Herausgeber und Lektorat
Bernhard Schön, Idstein

**Umschlagkonzept und
-gestaltung; Innenlayout**
Büro Hamburg, Anja Grimm

Satz und Herstellung
Nancy Püschel

Druck und Bindung
Beltz Druckpartner, Hemsbach

1. Auflage 2010
ISBN 978-3-407-22509-2

Bildnachweis
Umschlagabbildung; S. 1: © LWA-
Dann Tardif/CORBIS
S. 3, 7, 24, 28, 59, 64, 70, 74, 98,
102, 108, 114: © Angelika Salo-
mon
S. 10: © iStockphoto/deanm1974
S. 14: © iStockphoto/tarinoel
S. 20: © iStockphoto/NiDerLander
S. 23: © iStockphoto/realitybytes
S. 34: © iStockphoto/micheldenijs
S. 37: © iStockphoto/JBryson
S. 41: © iStockphoto/clintscholz
S. 42: © iStockphoto/Brosa
S. 46: © iStockphoto/daftbird
S. 54: © iStockphoto/Genevieve
Sasseville
S. 62: © iStockphoto/billyfoto
S. 67: © iStockphoto/brunette
S. 72: © iStockphoto/Lise Gagne
S. 79: © iStockphoto/Madjuszka
S. 82: © iStockphoto/paule858
S. 84: © iStockphoto/bmcent1
S. 88: © iStockphoto/mayakova
S. 95: © iStockphoto/Trout55
S. 107: © iStockphoto/Diego
Cervo
S. 118: © iStockphoto/iMelamory
S. 119: nach: Marvin, R.S., Cooper,
G., Hoffman, K. & Powell, B.
(2003): Das Projekt »Kreis der
Sicherheit«: Bindungsgeleitete
Intervention bei Eltern-Kind-
Dyaden im Vorschulalter. In:
Scheuerer-Englisch, Suess &
Pfeifer: Wege zur Sicherheit.
Bindungswis-sen in Diagnostik
und Intervention, S. 25–50 © der
deutschen Übersetzung bei Ver-
lag Psychosozial, Gießen.
S. 123: © iStockphoto/ZoneCrea-
tive